HANS-CHRISTOF KRAUS

Der Wendepunkt
des Philosophen von Sanssouci

Der Wendepunkt
des Philosophen
von Sanssouci

Von

Hans-Christof Kraus

Duncker & Humblot · Berlin

Umschlag: König Friedrichs II. Tafelrunde in Sanssouci
Gemälde von Adolph Menzel, 1850
(© akg-images)

Alle Rechte vorbehalten
© 2017 Duncker & Humblot GmbH, Berlin
Fremddatenübernahme: L101 Mediengestaltung, Fürstenwalde
Druck: Das Druckteam, Berlin
Printed in Germany

ISBN 978-3-428-15390-9 (Print)
ISBN 978-3-428-55390-7 (E-Book)
ISBN 3-428-85390-8 (Print & E-Book)

Gedruckt auf alterungsbeständigem (säurefreiem) Papier
entsprechend ISO 9706 ♾

Internet: http://www.duncker-humblot.de

Vorwort

Die nachfolgenden Ausführungen enthalten einen Vortrag, der am 22. Februar 2017 auf Einladung der Carl Friedrich von Siemens Stiftung in München gehalten wurde. Er wird hier – im Kern und in seinen zentralen Thesen unverändert – etwas erweitert und mit den nötigen Nachweisen versehen abgedruckt. Über die ebenso angeregte und kenntnisreiche wie auch durchaus kontroverse Diskussion, die dem Vortrag in den Räumen der Stiftung folgte, berichtete Patrick Bahners in der Frankfurter Allgemeinen Zeitung (Nr. 51, 1. März 2017, S. N3). Nicht zuletzt damit diejenigen, die sich für das Thema interessieren, jedoch den Vortrag nicht hören konnten, den Text zeitnah nachlesen können, wird er in dieser Form separat veröffentlicht.

Oktober 2017 *Der Verfasser*

I.

Vielleicht hat man erst unter dem Eindruck der säkularen Katastrophen in der ersten Hälfte des 20. Jahrhunderts wirklich begreifen können, was „Aufklärung" eigentlich gewesen ist und mit welchen Wirkungen und Folgen sie den Verlauf der modernen Geschichte geprägt hatte und weiterhin prägte. Mit einer während des Zweiten Weltkriegs gesteigerten Reflexionsschärfe kamen Max Horkheimer und Theodor W. Adorno zu der Einsicht, dass der Aufklärung als einer dialektischen Bewegung unter bestimmten Bedingungen neben allen positiv zu wertenden Leistungen eben auch eine gefährliche Tendenz innewohne und der Rationalität „seit Anfang" eben „auch die praktische Tendenz zur Selbstvernichtung" eigne und dass aus genau diesem Grund nicht zuletzt die Möglichkeit einer „Rückkehr der aufgeklärten Zivilisation zur Barbarei" wirklich werden könne[1]. Und in bemerkenswerter geistiger und analytischer Parallelität überschrieb – auf der anderen Seite der Frontlinie – Hans Freyer das Aufklärungskapitel seiner ebenfalls während des Krieges entstandenen „Weltge-

---

[1] *Max Horkheimer/Theodor W. Adorno*: Dialektik der Aufklärung. Philosophische Fragmente [1944], Frankfurt a.M. 1969, S. 6–7.

schichte Europas" mit dem sprechenden Titel „Die Vernunft als blühende Welt, als Nüchternheit und als Schrecken"[2].

Tatsächlich waren es diese drei Dimensionen der Aufklärungsbewegung und ihrer Folgen, die jetzt zum ersten Mal vollständig durchsichtig und erkennbar wurden: Zuerst die „blühende Welt", die entstehen sollte, wenn möglichst allen oder doch den allermeisten Menschen der Ausgang aus ihrer selbst verschuldeten Unmündigkeit gelungen war und wenn sie sich auf diese Weise ebenfalls von dem Alpdruck der „Tradition aller toten Geschlechter" befreit hatten, die „auf dem Gehirne der Lebenden" lastete[3]. Das Ziel sollte die blühende Welt einer von Vernunft und Freiheit geprägten Moderne sein, von der allerdings kaum vorauszusagen war, wie sie denn am Ende eigentlich aussehen sollte und könnte: ob die Menschen in ihr dann über die Freiheit verfügten, nach eigenem Gutdünken „heute dies, morgen jenes zu tun, morgens zu jagen, nachmittags zu fischen, abends Viehzucht zu treiben, nach dem Essen zu kritisieren"[4], – oder, eine andere Perspektive, ob diese „blühende Welt" nicht doch am Ende auf die spannungs- und zutiefst

---

[2] *Hans Freyer*: Weltgeschichte Europas, Wiesbaden 1948, S. 865.

[3] *Karl Marx*: Der achtzehnte Brumaire des Louis Bonaparte [1852], in: derselbe/Friedrich Engels: Werke, Bd. 8, Berlin [-Ost] 1960, S. 113–207, hier S. 115.

[4] *Karl Marx*: Die deutsche Ideologie I [1845], in: Karl Marx/Friedrich Engels: Werke, Bd. 3, Berlin [-Ost] 1969, S. 9–80, hier S. 33.

bedeutungslose Existenz jener „letzten Menschen" hinausliefe, die in der Sonne blinzeln und sagen „Wir haben das Glück erfunden"[5].

Die Visionen von Marx und Nietzsche haben ihre Verwirklichung einstweilen *nicht* gefunden, und es steht dahin, ob die Probe auf das Exempel tatsächlich einmal gemacht wird. Die Vernunft „als Nüchternheit", von der Freyer sprach, beschreibt allerdings einen Aspekt der modernen Lebenswelt, der bereits vor einhundert Jahren auf den Begriff gebracht wurde: als spätestens im 18. Jahrhundert einsetzender Prozess einer systematischen „Entzauberung" der Welt, der sich nicht nur als Tendenz zu einer allgemeinen Versachlichung zeigt, sondern ebenfalls als Etablierung des „stahlharten Gehäuses" einer zuerst und vor allem auf Rationalität gegründeten modernen Lebens- und Arbeitswelt[6]. Und die Vernunft als „Schrecken" definierte Hans Freyer wiederum mit Blick auf die Terrorjahre der Französischen Revolution als das „Gesetz der Totalisierung jeder Gewalt", die ihren konkreten Ausdruck im Gebrauch des „Schrecken[s] als Regierungsmittel" und nach 1789 im „fieberhaften" Arbeiten der Guillotine fand, um auf diesem verzweifelten Weg am Ende eben doch noch den universalen Sieg von Vernunft und Freiheit herbeizuführen –

---

[5] *Friedrich Nietzsche*: Also sprach Zarathustra [1883], in: derselbe: Kritische Studienausgabe, Bd. 4, S. 19 („Zarathustra's Vorrede").
[6] *Max Weber*: Gesammelte Aufsätze zur Religionssoziologie, Bd. I, Tübingen 1920, S. 94, 203.

als Folge der konsequent betriebenen Vernichtung ihrer wirklichen oder vermeintlichen Gegner[7]. In bemerkenswerter Koinzidenz zogen die beiden Verfasser der „Dialektik der Aufklärung" zur gleichen Zeit die Linien bis in die eigene Gegenwart, wenn sie den Übergang von der Aufklärung zur modernen Barbarei konstatierten.

Tatsächlich stellte und stellt sich auch gegenwärtig die alte Frage „Was ist Aufklärung?" völlig neu, und sie kann – keineswegs nur im Licht der historischen Erfahrung – heute nicht mehr wie im Jahr 1784 beantwortet werden, wenigstens nicht mehr so hoffnungs- und zukunftsfroh. Und dennoch verweist diese Frage zurück auf die Debatten und Überlegungen des 18. Jahrhunderts, auf die vielfach bereits grundlegenden und oft sehr kontroversen Reflexionen über Gegenwart und Zukunft vernunftbestimmten Denkens, über dessen politische und soziale Dimensionen und über die Möglichkeiten und die Grenzen der Vernunftfähigkeit und in diesem Sinne eben auch der Aufklärbarkeit der Menschen.

König Friedrich II. von Preußen, später der Große genannt, gehört zu denjenigen Menschen seiner Zeit, denen in diesem Prozess eine unverkennbare Sonderstellung zukommt, eben weil er sich selbst als Aufklärer, als ein über die Grundfragen menschlichen Daseins reflektierender, der Vernunft verpflichteter „Philosoph" begriff, der sich jedoch „nicht auf abstrakte Begriffe und me-

---

[7] *Freyer*: Weltgeschichte Europas (wie Anm. 2), S. 890 f.

taphysische Spekulationen, sondern auf Beobachtung und Erfahrung, nicht auf den von der Autorität überlieferten Glauben, sondern auf die alles prüfende Vernunft" stützte. Wie für die aufgeklärten französischen „philosophes" seiner Zeit stellte auch für Friedrich die Philosophie durchaus nicht „die esoterische Angelegenheit des einzelnen" dar, sondern besaß vielmehr „öffentliche Resonanz" und wollte sie auch finden[8]. Die Besonderheit seiner Stellung ergab sich vor allem daraus, dass er zugleich als regierender Monarch an der Spitze eines Königreichs, einer damals noch kleineren, jedoch bald aufstrebenden europäischen Macht agieren musste, dass er also in seiner Person gewissermaßen die Theorie und die Praxis einer aufgeklärten und reflektierten Herrscherexistenz verbinden musste.

---

[8] *Ulrich Dierse*: Die nützliche Wahrheit. Begriff und Motive der „philosophes", in: Archiv für Begriffsgeschichte 26 (1982), S. 193–210, hier S. 198f. – Ebenfalls gehört Friedrich – obwohl er in seiner Eigenschaft als Kronprinz und als regierender Monarch einen Sonderfall darstellt – in den weiteren Kontext der spätaufklärerischen deutschen Popularphilosophie, die nach eigenem Anspruch vor allem praxisbezogen argumentierte und sich mit der Frage befasste, „wie Philosophie für die Bewältigung des menschlichen Lebens unmittelbar nützlich werden" konnte, die sich deshalb auch von der akademischen Schulphilosophie wegen deren „Wirklichkeitsferne und Weltfremdheit" bewusst abhob, so *Christoph Böhr*: Philosophie für die Welt. Die Popularphilosophie der deutschen Spätaufklärung im Zeitalter Kants (Forschungen und Materialien zur deutschen Aufklärung II, 17), Stuttgart/Bad Cannstatt 2003, S. 21.

Wenn man verstehen möchte, was die spätere „Aufklärung" während der zweiten Hälfte des 18. Jahrhunderts im genannten Spannungsfeld zwischen blühender Welt, Nüchternheit und Schrecken gewesen ist, dann dürfte es sich lohnen, einen Blick auf die geistige Entwicklung und den hieraus entspringenden Denkweg dieses aufgeklärten, gleichwohl aus Überzeugung mit absolutem Herrschaftsanspruch regierenden, an fast allen wichtigen Debatten seiner Zeit sich beteiligenden *roi-philosophe* zu werfen[9] und die Frage zu

---

[9] Die ältere wie die neuere Literatur zum „philosophischen Königtum" Friedrichs ist immens; verwiesen sei hier nur auf die immer noch grundlegenden, nicht nur seinerzeit wegweisenden Darstellungen und Analysen dreier Berliner Philosophen: *Eduard Zeller*: Friedrich der Große als Philosoph, Berlin 1886; *Wilhelm Dilthey*: Friedrich der Große und die deutsche Aufklärung [1901], in: derselbe: Gesammelte Schriften, Bd. III: Studien zur Geschichte des deutschen Geistes, 6. Aufl. Stuttgart/Berlin 1992, S. 81–205, bes. S. 83–111, 128–142, 176–190; *Eduard Spranger*: Der Philosoph von Sanssouci. Aus den Abhandlungen der Preußischen Akademie der Wissenschaften Jahrgang 1942. Phil.-hist. Klasse, Nr. 5, Berlin 1942; erweiterte und veränderte Ausgabe: Der Philosoph von Sanssouci, Heidelberg 1962. Grundlegend für die biographischen Zusammenhänge bleibt weiterhin *Reinhold Koser*: Geschichte Friedrichs des Großen, 4./5. Aufl., Bde. I–IV, Stuttgart – Berlin 1914; die beiden wichtigsten neueren Lebensdarstellungen sind: *Johannes Kunisch*: Friedrich der Große. Der König und seine Zeit, München 2004, und *Gerd Heinrich*: Friedrich II. von Preußen. Leistung und Leben eines großen Königs, Berlin 2009. – Friedrichs philosophische Schriften und Gedichte werden zitiert nach den beiden bisher erschienenen Bän-

erörtern, wie er selbst durch seine Zeit geprägt wurde, wie er auf die geistigen Entwicklungen der eigenen Epoche vor dem Horizont seiner spezifischen Erfahrungen als Herrscher und als Feldherr reagierte und wie er auf sie zurückwirkte.

Dabei zeigt sich, dass sein Denken einerseits eine auffällige Konsistenz der Themen und Motive sowie eine nicht weniger bemerkenswerte Kontinuität aufzuweisen hat, dass jedoch andererseits, gerade in seinem Verständnis von Aufklärung als eines einheitlichen, auf die Überwindung von Aberglauben, Vorurteilen, Dummheit und Unmündigkeit gerichteten geistigen Gesamtprozesses, eine bemerkenswerte *Umorientierung* festzustellen ist, die seit den späten 1760er Jahren zwar nicht zu einem eigentlichen Bruch in seinem Denken, schon gar nicht zu einer Abwendung von der Aufklärung an sich führte, wohl aber in eine wesentlich differenziertere und auf dieser Weise auch präzisere Wahrnehmung *unterschiedlicher Ausprägungen* aufgeklärten Philosophierens mündete – und damit eben auch in die spezifische Form einer „Aufklärung über die Aufklärung", also einer Selbstreflexion der Auf-

---

den VI (Philosophische Schriften) und VII (Werke des Philosophen von Sanssouci) der zweisprachigen „Potsdamer Ausgabe", Berlin 2007–2012; alles Weitere nach den älteren französischen und deutschen Ausgaben: Œuvres de Frédéric le Grand [hrsg. v. Johann David Erdmann Preuß], Bde. I–XXXI, Berlin 1846–1857, und: Die Werke Friedrichs des Großen, in deutscher Übersetzung, hrsg. v. Gustav Berthold Volz, Bde. I–X, Berlin 1912–1914.

klärung, von der die Überlegungen des alt gewordenen Königs in den letzten eineinhalb Jahrzehnten seines Lebens gekennzeichnet sind. Von genau diesem „Wendepunkt" in seinem Denken soll im Folgenden die Rede sein.

Nach einem Überblick über Friedrichs geistige Entwicklung und sein spezifisches Verständnis von Aufklärung werde ich sodann seine Bekanntschaft und seine Auseinandersetzung mit den Ideen der radikalen französischen Philosophie seit Mitte des 18. Jahrhunderts, zuerst mit Julien Offray de La Mettrie, später mit Paul Henri Thiry d'Holbach, in den Blick nehmen, bevor ich abschließend die Hintergründe, die Bedeutung und die Folgen der aus dieser Auseinandersetzung und aus Friedrichs Briefwechsel mit Jean-Baptiste Le Rond d'Alembert entstandenen berühmten Preisfrage der Berliner Akademie der Wissenschaften von 1780 nach der Zulässigkeit des „Volksbetrugs" erörtern möchte. In diesem Kontext soll ebenfalls die Ausgangsfrage nach einem Wendepunkt im Denken Friedrichs beantwortet werden.

II.

Zuvor ist jedoch zuerst ein kurzer Blick auf die geistige Entwicklung des Kronprinzen und des Königs notwendig: Bereits als sehr junger Mensch interessierte sich Friedrich brennend für alle Fragen und Probleme des damaligen philosophischen Denkens, die auch seine heimlichen Lektüren bestimmten; schon der Sechzehnjährige unterzeichnete seit 1728 die Briefe an seine Freunde und engsten Vertrauten sowie an die ähnlich interessierte und begabte Schwester Wilhelmine mit „Fréderic le philosophe"[10]. Die Katastrophe des Jahres 1730, der im Widerstand gegen die äußerst harten Erziehungsmethoden des Vaters unternommene, verratene und daher fehlgeschlagene Fluchtversuch des Prinzen, sodann der „Kronprinzenprozess" gegen ihn und seinen Fluchtgefährten und Freund Hans Hermann von Katte, dessen aufsehenerregende Hinrichtung[11], endlich der erzwungene Dienst im untersten Rang der Verwaltung in der Behörde einer kleinen Provinzstadt, änderten nicht das ausgeprägte Interesse Friedrichs für die Grundfragen menschlicher Existenz, sondern seine Perspektive hierauf.

Der fromme Vater zwang ihn damals zu intensivster Beschäftigung mit Glaubensfragen; in seiner Bewährungszeit hatte der Prinz dreimal am Sonntag den Gottesdienst zu besuchen, außerdem erhielt er vom Vater schriftlich ausgearbeitete Predigten, die der König gehört hatte und die nun der Kronprinz studieren musste. Die von bestimmten theologischen Dogmen, vor allem von

---

10 *Koser*: Geschichte Friedrichs des Großen (Anm. 9), Bd. I, S. 113; zum Kontext siehe auch ebenda, S. 113–127 u. a.

11 Hierzu neuerdings grundlegend, die ältere Forschung vielfach überholend und korrigierend: *Jürgen Kloosterhuis*: Katte. Ordre und Kriegsartikel. Aktenanalytische und militärhistorische Aspekte einer „facheusen" Geschichte, 2. erw. Aufl. Berlin 2011.

der calvinistischen Prädestinationslehre ausgehende Frage nach Umfang und Grenzen menschlicher Willensfreiheit beschäftigten den jungen Mann, wie seine Briefe zeigen, ebenso eingehend wie die Frage nach einem philosophisch exakten Beweis für das Dasein Gottes oder nach den Möglichkeiten und Grenzen menschlicher Erkenntnis überhaupt[12].

Nachdem der Kronprinz sich in den Augen seines strengen Vaters rehabilitiert hatte und deshalb erneut in Berlin und Potsdam, bald auch in seinem eigenen Schloss in Rheinsberg leben und arbeiten durfte, vertiefte Friedrich – seiner besonderen Neigung für die französische Sprache und Kultur folgend – seine Kontakte zu hugenottischen Theologen und Gelehrten, die ihm weitere Anregungen vermitteln konnten. Dem Berliner königlichen Bibliothekar und Polyhistor Maturin Veyssière La Croze[13] verdankte er die Einführung in die Gedankenwelt von Descartes, gleichzeitig befasste sich Friedrich mit Leibniz und vor allem mit Pierre Bayle, dessen um die Wende vom 17. zum 18. Jahrhundert erschienenes „Dictionnaire historique et critique" Friedrich zeitlebens als die

---

[12] Vgl. *Koser*: Geschichte Friedrichs des Großen (Anm. 9), Bd. I, S. 63 ff., 113 ff.; *Kunisch*: Friedrich der Große (Anm. 9), S. 50 ff.

[13] Die zentrale Bedeutung des gelehrten französischen Emigranten La Croze im Kontext der Berliner Frühaufklärung hat sehr anschaulich herausgearbeitet *Martin Mulsow*: Die drei Ringe. Toleranz und clandestine Gelehrsamkeit bei Mathurin Veyssière La Croze (1661–1739), Tübingen 2001.

beste Einführung in aufgeklärtes Denken ansah und von dem er Jahre später, schon als König, eine (in zwei Auflagen in Berlin erschienene) zweibändige Auswahl erstellte, zu der er selbst ein Vorwort verfasste[14].

Doch fortdauernde Glaubenszweifel veranlassten ihn zu immer neuem Überdenken der Dogmen und Grundprobleme der christlichen Religion vor dem Hintergrund neuerer philosophischer Ideen, die ihn schließlich zu den Schriften von Christian Wolff führten. Dieser angesehenste und auch international berühmteste deutsche Philosoph seiner Zeit, der zuerst an der preußischen Universität Halle gelehrt hatte, war im Jahr 1723 nach einem heftigen Streit mit einigen seiner pietistisch orientierten theologischen Universitätskollegen sowie nach verleumderischer Denunziation bei König Friedrich Wilhelm I. von diesem seines Postens als Universitätsprofessor enthoben und dazu noch des Landes verwiesen worden. Seit Mitte der 1730er Jahre wurde der Kronprinz hineingezogen in die durch einflussreiche Hofkreise unternommenen Bemühungen um eine Rückberufung des Philosophen nach Preußen – die Friedrich freilich erst 1740 kurz nach seiner Thronbesteigung bewerkstelligen konnte[15].

---

14 [*Pierre Bayle*]: Extrait du Dictionaire [sic] historique et critique de Bayle divisé en deux volumes avec une preface, Berlin 1765; eine zweite erweiterte Auflage erschien in Berlin 1767; Friedrichs „Avant-propos de l'Extrait du dictionnaire historique et critique de Bayle" auch in: *Friedrich der Große*: Potsdamer Ausgabe (Anm. 9), Bd. VI, S. 305–313.

Friedrich stand in dieser Zeit für einige Jahre unter dem prägenden Einfluss eines ursprünglich aus Preußen stammenden, nunmehr ehemals sächsischen Diplomaten namens Ernst Christoph von Manteuffel[16], der scheinbar nur als wohlhabender Privatmann, in Wahrheit jedoch als eine Art geheimer Einflussagent des sächsischen Kurfürsten in Berlin ansässig war. Der hochgebildete, dazu über exzellente Französischkenntnisse verfügende Manteuffel war überzeugter Wolffianer und vermochte, seitdem er nach längeren Bemühungen in Kontakt zum Kronprinzen hatte treten können, den künftigen Herrscher Preußens von der Bedeutung dieser Gedankenwelt zu überzeugen. Denn

---

[15] Vgl. hierzu aus unterschiedlicher Perspektive: *Hans Droysen*: Friedrich Wilhelm I., Friedrich der Große und der Philosoph Christian Wolff, in: Forschungen zur brandenburgischen und preußischen Geschichte 23 (1910), S. 1–34; *Carl Hinrichs*: Preußentum und Pietismus. Der Pietismus in Brandenburg-Preußen als politisch-soziale Reformbewegung, Göttingen 1971, S. 389–441; *Albrecht Beutel*: Causa Wolffiana. Die Vertreibung Christian Wolffs aus Preußen 1723 als Kulminationspunkt des theologisch-politischen Konflikts zwischen Halleschem Pietismus und Aufklärungsphilosophie, in: derselbe: Reflektierte Religion. Beiträge zur Geschichte des Protestantismus, Tübingen 2007, S. 124–169; demnächst auch *Hans-Christof Kraus*: Spätkonfessionalismus und Frühaufklärung. Christian Wolff zwischen August Hermann Francke und Friedrich II. (Aufsatz, im Druck).

[16] Hierzu neuerdings grundlegend die Forschungen von *Johannes Bronisch*: Der Mäzen der Aufklärung. Ernst Christoph von Manteuffel und das Netzwerk des Wolffianismus, Berlin/New York 2010, bes. S. 30–71.

Christian Wolffs in sich geschlossenes, alle zentralen Probleme des Denkens und sämtliche Bereiche[17] der Wissenschaften umfassendes philosophisches System bot, wenn man dessen Prämissen zu folgen bereit war, im Grunde alle Antworten auf genau diejenigen Fragen, die Friedrich seit Jahren bewegten, nicht zuletzt enthielt es einen rational fundierten Beweis von der Unsterblichkeit der menschlichen Seele sowie vom Dasein Gottes.

Tatsächlich verstand sich Friedrich eine Zeitlang als überzeugter Anhänger der Wolffschen Philosophie, die ihm von Manteuffel in eigens für den Kronprinzen angefertigten französischen Übersetzungen – eigentlich eher Zusammenfassungen der äußerst weitschweifig formulierenden und argumentierenden Bücher Wolffs – nahegebracht wurde. Bald jedoch setzten erste Zweifel an der anfangs so überzeugenden, rational-logischen Argumentation dieser Philosophie ein. Denn Friedrich, der schon seit einer Reihe von Jahren mit großer Begeisterung die Schriften Voltaires gelesen hatte, suchte und fand im Jahr 1736 die Verbindung zum verehrten, mittlerweile berühmt gewordenen Vertreter der französischen Aufklärung, und es waren gerade dessen kurz vorher publizierten „Lettres philosophiques", denen der junge Prinz nun seine besondere Aufmerksamkeit widmete.

---

17 Vgl. neben *Kunisch*: Friedrich der Große (Anm. 9), S. 74 ff., vor allem *Bronisch*: Der Mäzen der Aufklärung (wie Anm. 16), S. 72–122, sowie *derselbe*: Der Kampf um Kronprinz Friedrich – Wolff gegen Voltaire, Berlin 2011, passim.

Die von Voltaire hier – und auch in seiner jahrelang sehr umfänglichen Korrespondenz mit Friedrich[18] – vermittelten Ideen John Lockes und der frühen englischen Aufklärung beeindruckten und beeinflussten Friedrichs Denken nachhaltig und trugen letzten Endes dazu bei, dass er sich schon seit den 1740er Jahren einem aufgeklärten Skeptizismus zuzuwenden begann, der für ihn letzten Endes ein überzeugenderes Denkangebot lieferte als das System Christian Wolffs: „Ein Weiser erschien in England" – so formulierte es Friedrich in seiner 1746 verfassten „Histoire de mon temps" –, „der jedes Vorurteil abstreifte und sich nur durch Erfahrung leiten ließ; Locke riß die Binde des Irrtums hinweg, die der skeptische Bayle, sein Vorgänger, bereits gelockert hatte"[19].

Als skeptisch auftretender, wenn auch im Innersten noch immer zukunftsoptimistisch gestimmter Aufklärer präsentierte sich Friedrich 1740, im Jahr seiner Thronbesteigung, und der neue, erst achtundzwanzigjährige König zeigte sich zugleich als Autor, als Verfasser einer politischen Schrift mit dem Titel „Réfutation du Prince de Machiavel", die allerdings von Voltaire, den

---

[18] Briefwechsel Friedrichs des Großen mit Voltaire, hrsg. v. Reinhold Koser/Hans Droysen, Bde. I–III (Publikationen aus den K. Preußischen Staatsarchiven, 81, 82, 86), Leipzig 1908–1911.

[19] Œuvres de Frédéric le Grand (Anm. 9), Bd. II, S. 36: „Il parut un sage en Angleterre, qui, se dépouillant de tout préjugé, ne se guida que par l'expérience: Locke fit tomber le bandeau de l'erreur, que le sceptique Bayle, son précurseur, avait déjà détaché en partie".

Friedrich eigentlich nur mit der sprachlichen Korrektur beauftragt hatte, auch inhaltlich „korrigiert" wurde und anschließend in zwei Versionen, einer ersten unter dem Originaltitel sowie ebenfalls einer zweiten, nunmehr stark bearbeiteten Fassung unter dem Titel „L'Antimachiavel, ou examen du Prince de Machiavel" gegen den ausdrücklichen Willen des Verfassers zuerst als anonyme Publikation vor die Augen einer erstaunten Öffentlichkeit trat[20]. In den Ausführungen und Thesen dieser Schrift – deren letzte, von Friedrich ein weiteres Mal überarbeitete Fassung erst lange nach dem Tod der beiden Protagonisten im 19. Jahrhundert gedruckt wurde[21] – lassen

---

[20] Hierzu *Erich Madsack*: Der Antimachiavell. Ein Beitrag zur Entstehungsgeschichte und Kritik des Antimachiavell (Historische Studien, 141), Berlin 1920, S. 40–68; siehe ebenfalls dazu das Vorwort zur kritischen Neuedition beider Fassungen von *Werner Bahner/Helga Bergmann*: Introduction, in: Œuves complètes de Voltaire/The Complete Works of Voltaire, Bd. 19, Oxford 1996, S. 1–52; die beiden 1740 publizierten Fassungen dort ebenda, S. 103–262 („Anti-Machiavel"), und S. 263–406 („Réfutation du Prince de Machiavel").

[21] Diese dritte Fassung der „Réfutation" wurde erstmals von *Johann David Erdmann Preuß* aus dem handschriftlichen Nachlass rekonstruiert und 1848 in seiner Friedrich-Ausgabe gedruckt: Œuvres de Frédéric le Grand (Anm. 9), Bd. VIII, S. 163–299; siehe hierzu auch die editorischen Vorbemerkungen des Herausgebers *Preuß*, ebenda, S. XIII–XVI; zweisprachiger Neuabdruck in: *Friedrich der Große*: Potsdamer Ausgabe (Anm. 9), Bd. VI, S. 45–259; zur Editionsgeschichte vgl. auch die Bemerkungen ebenda, S. 419.

sich die zentralen Ideen und die Gedankenwelt des jungen Friedrich, auch seine aufklärerischen Überzeugungen, sehr genau erkennen.

Als ein Vertreter tragender Grundideen der Aufklärung erweist er sich vor allem dort, wo er es unternimmt, die seit Jahrhunderten verfemte und kritisierte Schrift Machiavellis über den „Fürsten" zu „widerlegen", indem er dessen (von Friedrich hier zweifellos missverstandene) vermeintliche These, ein Herrscher müsse also solcher bereits „böse und betrügerisch sein"[22], scharf zurückweist: Gegen Machiavellis „abscheuliche Politik" stellte Friedrich den Gedanken: „Die Tugend sollte der einzige Beweggrund unserer Handlungen sein, denn wer Tugend sagt, sagt Vernunft: beide sind untrennbar miteinander verknüpft, und sie werden es auch als Voraussetzungen folgerichtigen Handelns immer bleiben. Seien wir also vernünftig, denn es ist das bisschen Vernunft („un peu de raison"), das uns von den Tieren unterscheidet"[23].

Diese Formulierung von einer doch letztlich *begrenzten* menschlichen Vernunft ließ vielleicht den einen oder anderen Leser aufhorchen, und es findet sich in dieser im Ganzen nicht sehr umfangreichen Schrift ebenfalls die eine oder andere Passage, die den aufgeklärten Vernunftoptimismus – jedenfalls im engeren Bereich des Politischen, um den es hier ja ging – deutlich relativier-

---

[22] *Friedrich der Große*: Potsdamer Ausgabe (Anm. 9), Bd. VI, S. 181.
[23] Ebenda, S. 110 f.

te. So etwa, wenn Friedrich anmerkt, es könne „bittere Notwendigkeiten" geben, die einen Fürsten zwängen, gelegentlich auch einmal unmoralisch, jedenfalls widerrechtlich zu handeln, etwa „seine Verträge zu brechen und seine Bündnisse zu lösen" – wenngleich ihn natürlich „nur das Wohl seiner Völker und die größte Notlage [...] dazu veranlassen"[24] könnten.

Schon früh zeigt sich hier am Beispiel des „Anti-Machiavell" die besondere Eigenart von Friedrichs im Konkreten verwurzelten Aufklärertum: Die abstrakten Grundsätze von Moral und Vernunft gelten in einer sehr allgemeinen Weise – aber sie gelten in der Welt des Politischen *nicht immer* und *nicht absolut*, sondern sie sind, wenn die Lage es erfordern sollte, den jeweiligen Gegebenheiten anzupassen und entsprechend neu auszulegen[25]. Die Bemühungen des Königs um Förderung der Künste und Wissenschaften, um die Hebung der Volksbildung und auch sein Gebrauch der Publizität zeigen ihn einerseits als echten aufgeklärten Herrscher, der andererseits

---

24 Ebenda, S. 179.
25 Insofern stehen in dieser Schrift Friedrichs, wie *Theodor Schieder*: Friedrich der Große – Ein Königtum der Widersprüche, Berlin 1996, S. 104, treffend bemerkte, zwischen „den glänzenden rhetorischen Zurückweisungen der verderblichen und verbrecherischen Ratschläge Machiavellis [...] die Einschränkungen und Vorbehalte, die alle Hintertüren offenlassen" und in denen zugleich „die Grundrisse eines höchst konkreten und realistischen Regierungsprogramms zu erkennen" sind.

jedoch ohne Einschränkung an der absoluten Macht seines Königtums festhielt, das er grundsätzlich als Dienst am Staat und an der Allgemeinheit definierte – so bezeichnete er sich stets als „le premier serviteur de l'état"[26] –, das er als solches jedoch niemals in Frage stellen ließ und das er in seiner Spätschrift „Regierungsformen und Herrscherpflichten" (1777) auch noch explizit theoretisch zu begründen unternahm[27].

Man könnte Friedrich also als seinen skeptisch-pragmatischen Aufklärer bezeichnen, der bestrebt war, die Grundsätze aufgeklärten Handelns so weit und so lange zu praktizieren, wie es ihm unter bestimmten realen Bedingungen und im Rahmen einer konkret gegebenen Lage möglich war und geboten erschien, der jedoch ebenfalls von der Tatsache ausgehen musste, dass aufgeklärtes Denken in seiner Zeit nur einer verhältnismäßig kleinen Anzahl von Menschen überhaupt zugäng-

---

[26] Diese Selbstkennzeichnung findet sich in unterschiedlicher Formulierung mehrfach in Friedrichs Texten, zuerst im 1. Kapitel des „Antimachiavell", *Friedrich der Große*: Potsdamer Ausgabe (Anm. 9), Bd. VI, S. 52f. („le premier domestique"); siehe hierzu auch die Zusammenstellung aller entsprechenden Stellen aus den Schriften des Königs bei *Ernst Walder*: Aufgeklärter Absolutismus und Staat – Zum Staatsbegriff der aufgeklärten Despoten, in: Karl Otmar von Aretin (Hrsg.): Der Aufgeklärte Absolutismus, Köln 1974, S. 123–136, hier 128.

[27] [*Friedrich der Große*]: Essai sur les formes du gouvernement et sur les devoirs des souverains (1777), in: Œuvres de Frédéric le Grand (Anm. 9), Bd. IX, S. 193–210.

lich sein konnte, und für den Aufklärung schließlich keinen Selbstzweck darstellte, dem alles andere unterzuordnen war. Um es mit der späteren berühmten Formulierung Immanuel Kants zu sagen: ein Herrscher im Zeitalter der Aufklärung, nicht jedoch in einem aufgeklärten Zeitalter[28].

III.

Julien Offray de La Mettrie, Mediziner und Schriftsteller, veröffentlichte im Jahr 1748 sein Buch „L'homme machine", das als erstes Hauptwerk einer radikal materialistischen und sensualistischen Anthropologie nicht nur größtes Aufsehen erregte, sondern mit seinem provozierenden Inhalt auch einen derart starken Widerspruch hervorrief, dass der bereits vorher aus Frankreich geflohene Verfasser sich sogar zum Verlassen seines niederländischen Exils veranlasst sah[29]. Sein ebenfalls aus St. Malo stammender Landsmann Pierre Louis Moreau de Maupertuis, der in seiner Eigenschaft als renommierter Naturwissenschaft-

---

28 *Immanuel Kant*: Beantwortung der Frage: Was ist Aufklärung? (1784), in: derselbe: Gesammelte Schriften (Akademie-Ausgabe), Bd. VIII, Berlin 1968, S. 33–42, hier S. 40.

29 Vgl. *Birgit Christensen*: Ironie und Skepsis. Das offene Wissenschafts- und Weltverständnis bei Julien Offray de La Mettrie (Epistemata – Reihe Philosophie, 204), Würzburg 1996, S. 253 ff.; *Ursula Pia Jauch*: Jenseits der Maschine. Philosophie, Ironie und Ästhetik bei Julien Offray de La Mettrie (1709–1751), München – Wien 1998, S. 573 ff.

ler und Mathematiker schon seit 1746 der von König Friedrich reorganisierten und im französischen Geist erneuerten Berliner Akademie der Wissenschaften vorstand[30], ermöglichte die Einreise des in Frankreich verfolgten Autors nach Preußen, wo er nicht nur sogleich – und zwar „auf Befehl des Königs"[31] – zum Mitglied der Akademie berufen wurde, sondern auch, da er als besonders gebildet, geistreich und witzig galt, an den Hof des Königs gelangte, der ihn zum Vorleser, Gesellschafter und zeitweilig auch zum Leibarzt ernannte[32].

Friedrich hatte – so wird er es selbst gesehen haben – einen von Dunkelmännern, von religiösen Fanatikern verfolgten französischen Freigeist gerettet, der sich zudem als gebildeter und amüsanter Zeitgenosse herausstellte und den er bald auch persönlich zu schätzen lernte. Dabei scheint der König jedoch zuerst die geistige und bald auch politische Sprengkraft unterschätzt zu haben, die in den radikalen Ideen La Mettries enthalten war. Seinen Entwurf einer materialistisch-sensualistischen Ethik, den der Denker bald nach seiner Ankunft in Potsdam niederschrieb[33], wag-

---

[30] Hierzu *Adolf Harnack*: Geschichte der Königlich Preußischen Akademie der Wissenschaften zu Berlin, Bd. I/1, Berlin 1900, S. 293 ff.; *Dilthey*: Friedrich der Große und die deutsche Aufklärung (Anm. 9), S. 121 ff.

[31] *Harnack*: Geschichte der Königlich Preußischen Akademie der Wissenschaften (Anm. 30), Bd. I/1, S. 329.

[32] Vgl. *Koser*: Geschichte Friedrichs des Großen (Anm. 9), Bd. II, S. 242 f.

te er denn auch noch nicht als geschlossenes Werk zu veröffentlichen, sondern er versteckte sie gewissermaßen in der Einleitung einer von ihm selbst – wohl auf Bitte des Königs – angefertigten Übersetzung von Senecas „De beata vita", erschienen Ende 1748 in Berlin als „Traité de la vie heureuse par Senèque, avec un discours sur le bonheur". Dieser als „Einleitung" gedachte „dicours" allerdings war nicht nur doppelt so umfangreich wie der übersetzte Klassikertext, er bot dazu auch noch eine radikale Gegenposition zur Ethik der Stoa[34].

La Mettrie vertrat hier, auf der Grundlage einer offen formulierten materialistischen und atheistischen Lehre, die Auffassung einer rein auf den Sinnen beruhenden, im Kern also auf eine möglichst umfassende und vor allem unbe-

---

[33] Vgl. hierzu und zum Folgenden *Christensen*: Ironie und Skepsis (Anm. 29), S. 210–217; zur Bedeutung der sensualistischen Ethik La Mettries im Kontext der späten Aufklärungsbewegung siehe besonders *Panajotis Kondylis*: Die Aufklärung im Rahmen des neuzeitlichen Rationalismus, Stuttgart 1981, S. 503–509.

[34] Der Text ist kritisch ediert von *John Falvey* in: Studies on Voltaire and the Eighteenth Century, hrsg. v. Theodore Besterman, Bd. 134, Banbury/Oxfordshire 1975, S. 111–217, mit wichtiger Einleitung *Falveys* zur Entstehungs-, Publikations- und Rezeptionsgeschichte, ebenda, S, 11–108. Hiernach wurde La Mettries Text neu ins Deutsche übersetzt: *Julien Offray de La Mettrie*: Über das Glück oder Das Höchste Gut („Anti-Seneca"), hrsg. u. eingeleitet v. Bernd A. Laska, Nürnberg 1985; wichtig hier ebenfalls die Einleitung des Übersetzers *Laska*, ebenda, S. V–XXIX.

hinderte menschliche Triebbefriedigung abzielenden Glücksethik. Die traditionellen Moralbegriffe beruhten laut La Mettrie ebenso wie jede Religion auf Vorurteilen und Täuschungen, sie seien daher im Grunde nichtig und behinderten zudem die vollständige Glückserfüllung der Menschen, die letzten Endes im reinen sinnlichen Genuss bestehe. Zwar verkannte der Denker hierbei keineswegs die soziale Bedeutung bestehender ethischer Konventionen, die in der Tat von allen Menschen beachtet und respektiert werden müssten – allerdings nur dann, wenn sie nicht über den Willen und den Mut verfügten, sich zwecks uneingeschränkter Glückserfüllung bewusst außerhalb der Grenzen des sozial Zulässigen zu stellen. Täten sie jedoch genau dies, dann befänden sie sich im Einklang mit ihrer „natürlich" vorgegebenen Eigenart als Menschen.

Die enorme Brisanz dieser im präzisen Sinne des Begriffs a-sozialen Ideen lag auf der Hand[35], und sie blieb auch nicht lange verborgen, denn schon im Januar 1749 begannen sich die Berliner Behörden mit dem Buch zu befassen[36]; der Verleger Christian Friedrich Voß wurde vorgeladen

---

[35] Aufschlussreich hierzu auch die Bemerkungen bei *Ann Thomson*: Materialism and Society in the Mid-Eighteenth Century: La Mettrie's Discours Préliminaire (Histoire des idées et critique littéraire, 198), Genf 1981, S. 67f.

[36] Hierzu und zum Folgenden *Ernst Consentius*: Der Wahrsager. Zur Charakteristik von Mylius und Lessing, Leipzig 1900, S. 36–52, sowie *Jauch*: Jenseits der Maschine (Anm. 29), S. 470–482.

und musste einen genauen Bericht über den Druck von La Mettries Schrift abgeben; die höchsten Staatsbeamten berieten darüber und am Ende wurde sogar der König persönlich eingeschaltet: In einer Ende Februar verfassten Eingabe an Friedrich II. plädierte Großkanzler Samuel von Cocceji für ein sofortiges Verbot dieser Schrift, nicht nur wegen der, wie er schrieb, „sehr gefährlichen Folge vor die Unterthanen", sondern auch, weil la Mettries Buch „insonderheit bey dem *Corpore Evangelico* zu Regensburg [...] ein großes Nachdenken verursachen dürfte"[37].

Jetzt allerdings war ein sofortiges Eingreifen auch für den König dringend geboten, denn nichts wäre für ihn unerfreulicher gewesen, als dass ausgerechnet auf dem Reichstag zu Regensburg die Tatsache zur Sprache gekommen wäre, dass im führenden protestantischen Staat des Reiches ein französischer radikaler Autor ungehindert Schriften veröffentlichen konnte, in denen die Grundlagen des christlichen Glaubens angegriffen und in Frage gestellt wurden. Das Buch wurde also rasch verboten, dazu wurde als vorbeugende Maßnahme durch ein königliches Edikt im Mai 1749 auch noch die – seit Friedrichs Amtsantritt weitestgehend abgeschaffte – Buchzensur wieder eingeführt, „nachdem Wir höchst mißfällig wahrgenommen" hätten, wie es im Edikt wörtlich hieß, „daß verschiedene *scandaleuse* theils wider die religion, theils wider die

---

[37] Hier zit. nach *Consentius*: Der Wahrsager (Anm. 36), S. 50.

Sitten anlaufende Bücher und Schriften in Unseren Landen verfertiget, verleget und debitiret werden"³⁸. Das waren harte Maßnahmen, aber Friedrich hoffte vermutlich, seinen renitenten Akademiker und geschätzten Vorleser auf diese Weise in die Schranken verwiesen zu haben.

Doch La Mettrie ließ sich weder einschüchtern noch entmutigen; er veröffentlichte im nächsten Jahr 1750 die etwas überarbeitete Einleitung erneut unter dem Titel „Anti-Seneca", doch auch diese Publikation wurde alsbald verboten³⁹. Wenn man einer eher unsicheren, aber immerhin auf keinen Geringeren als Lessing zurückgehenden Überlieferung glauben darf, dann soll König Friedrich höchstpersönlich zehn Exemplare der ohnehin sehr kleinen Auflage ins Feuer geworfen haben⁴⁰. Nun ließ La Mettrie Ende 1750 zwei

---

³⁸ Abdruck des „Edict[s] wegen der wiederhergestellten Censur, derer in Königlichen Landen herauskommenden Bücher und Schriften, wie auch wegen des Debits ärgerlicher Bücher, so außerhalb Landes verleget werden, *de dato* Berlin den 11. May 1749", in: *Franz Hugo Hesse*: Die Preußische Preßgesetzgebung, ihre Vergangenheit und Zukunft, Berlin 1843, S. 217–218, hier S. 217.

³⁹ Zur komplizierten weiteren Publikationsgeschichte der Schriften La Mettries vgl. *Christensen*: Ironie und Skepsis (Anm. 29), S. 211 ff.

⁴⁰ *Gotthold Ephraim Lessing*: Werke und Briefe, Bd. XI/1: Briefe von und an Lessing 1743–1770, Frankfurt a.M. 1987, S. 28–32 (Gotthold Ephraim Lessing an seinen Vater Johann Gottfried Lessing, Berlin, 2.11.1750), hier S. 32: „Der la Mettrie, von dem ich Ihnen einigemal geschrieben habe, ist hier Leib-Medicus

Bände seiner „Oeuvres philosophiques" drucken, deren Verkauf ebenfalls verboten wurde. Ein Jahr später wiederum erschienen die „Oeuvres" sowie eine Neuausgabe des „Anti-Seneca" in den Niederlanden, doch bevor der Konflikt zwischen dem König und La Mettrie einen weiteren Höhepunkt erreichen konnte, starb der französische Denker und Arzt überraschend im Alter von nur zweiundvierzig Jahren am 11. November 1751.

Die radikalen Ideen dieses Autors fanden seinerzeit allerdings kaum Anhänger, sondern stießen fast überall auf sehr deutliche und konsequente Ablehnung; zu den schärfsten Kritikern La Mettries zählten in seinem Heimatland Frankreich Voltaire und Diderot, in Deutschland vor allem Haller und Lessing. Merkwürdig ist nun allerdings, dass Friedrich den verstorbenen Denker nicht etwa – was vielleicht nahegelegen hätte – stillschweigend in der Versenkung verschwinden ließ, sondern ihn im Rahmen eines in der Königlichen Akademie der Wissenschaften verlesenen Nachrufs[41] ausdrücklich würdigte und gegen sei-

---

des Königs. Seine Schrift l'homme machine hat viel Aufsehen gemacht. [...] Ich habe eine Schrift von ihm gelesen, welche Antiseneque ou le souverain bien heißet, und die nicht mehr als zwölfmal ist gedruckt worden. Sie mögen aber von der Abscheulichkeit derselben daraus urteilen, daß der König selbst zehn Exemplare davon ins Feuer geworfen hat"; zum Kontext von Lessings Beschäftigung mit La Mettrie siehe auch *Roman Lach*: Das Skandalon des Zufalls – Lessing und La Mettrie, in: Lessings Skandale, hrsg. v. Jürgen Stenzel/ Roman Lach (Wolfenbütteler Studien zur Aufklärung, 29), Tübingen 2005, S. 129–144.

ne Kritiker entschieden verteidigte. Dabei kam der König auf die Inhalte von La Mettries Schriften und auf dessen höchst umstrittene Ideen allerdings kaum zu sprechen, sondern behauptete sogar (offenkundig wider besseres Wissen), der Denker habe seine philosophischen Manuskripte eigentlich nicht veröffentlichen, sondern nur überarbeiten wollen; sie seien ihm jedoch gestohlen und gegen seinen Willen gedruckt worden. Im Übrigen hätten sich die Vertreter aller Konfessionen – „calvinistes, catholiques et luthériens" – zusammengetan, um einen erklärten Freigeist zu verfolgen; alle diejenigen, so schließt der Nachruf, denen die frommen Beschimpfungen der Theologen („les pieuses injures des théologiens") keinen Eindruck machten, betrauerten in La Mettrie einen „honnète homme" sowie einen kenntnisreichen Arzt[42]. Die Akademiker, so ist überliefert, nahmen diese Formulierungen, als die „Éloge" im Januar 1752 auf Befehl des Königs in einer öffentlichen Akademiesitzung verlesen wurde, „mit tödtlichem Schweigen" auf[43].

Öffentlich äußerte Friedrich also kein einziges Wort der Kritik an La Mettrie – und das, obwohl dessen sensualistische Ethik auch den eigenen

---

[41] [*Friedrich der Große*]: Éloge de M. de La Mettrie (1752), in: Œuvres de Frédéric le Grand (Anm. 9), Bd. VII, S. 22–27.

[42] Ebenda, S. 26 f.

[43] So *Harnack*: Geschichte der Königlich Preußischen Akademie der Wissenschaften (Anm. 30), Bd. I/1, S. 330 (unter Bezugnahme auf die „Souvenirs" des Akademiesekretärs Jean Henri Samuel Formey).

Überzeugungen des Königs diametral widersprach. In den nur zwei Jahre zuvor in kleinster Auflage für wenige Freunde und Verehrer gedruckten „Oeuvres du Philosophe de Sans-Souci", die im wesentlichen die philosophischen Gedichte des Königs enthielten, vertrat Friedrich ausdrücklich den Gedanken der Verpflichtung jedes Menschen in seiner Eigenschaft als Bürger, sich stets als Teil des Ganzen, nämlich des Gemeinwesens, zu dem er gehöre, zu verstehen, und eben auch in diesem Sinne das eigene Handeln in den Dienst der Mitbürger und damit wiederum des sozialen Ganzen zu stellen, weil er anderenfalls lediglich als ein krankes Glied am Staatskörper gelten müsse – so formuliert in der „Epitre XIII", gerichtet an seine Schwester Wilhelmine von Bayreuth[44].

Doch eine förmliche Distanzierung des Königs von den radikalen Ideen La Mettries erfolgte weder jetzt noch später, und man kann nur vermuten, warum Friedrich so handelte, wie er es tat. Sicher war hier gekränkte Eitelkeit mit im Spiel, denn immerhin handelte es sich bei dem nun von anderen prominenten Aufklärern so stark kritisierten La Mettrie um einen in seiner Heimat wegen seiner unkonventionellen Ideen verfolgten Philosophen, den Friedrich nicht nur zum besol-

---

[44] [*Friedrich der Große*]: Épître XIII: „À ma sœur de Bayreuth. Sur l'usage de la fortune", in: Potsdamer Ausgabe (Anm. 9), Bd. VII, S. 290–303, hier S. 298: „Quelque soit le haut rang qu'on tienne en sa patrie,/De la totalité l'on fait toujours partie;/Si par vous les humains ne sont pas secourus,/L'État ne voit en vous que des membres perclus".

deten Mitglied seiner Akademie, sondern auch noch zum Angehörigen seines Hofstaates gemacht und dazu als Vorleser und Leibarzt eines besonderen persönlichen Vertrauens gewürdigt hatte.

Hinzu kam wohl ebenfalls die Tatsache, dass der König offensichtlich an eine wirkliche Schädlichkeit der in seiner Sicht doch reichlich exzentrischen und auch eher weltfremden Ideen La Mettries nicht zu glauben vermochte. Der „arme La Mettrie", schrieb Friedrich nach dessen Tod an seine engste Vertraute, die Schwester Wilhelmine in Bayreuth, sei lustig gewesen, „ein guter Teufel, ein guter Arzt und ein sehr schlechter Schriftsteller. Aber wenn man seine Bücher nicht las, konnte man mit ihm sehr zufrieden sein"[45]. Wenn der König diese Bücher dennoch in Preußen verbieten ließ, dann vor allem einerseits aus politischer Rücksichtnahme auf bestimmte, in diesem Fall religiöse Empfindungen seiner Untertanen sowie andererseits aus gut begründbaren konfessionspolitischen Motiven, die ihn als Reichspolitiker und vor allem als prominentesten Vertreter der protestantischen Reichsstände in Deutschland hierzu veranlassten. Doch angesichts der zu jener Zeit recht begrenzten Möglichkeiten, die Schriften La Mettries überhaupt in die Hand zu bekommen, zu lesen und zu verste-

---

[45] Œuvres de Frédéric le Grand (Anm. 9), Bd. XXVII/1, S. 203 (Friedrich an Wilhelmine von Bayreuth, 21. 11. 1751): „Nous avons perdu le pauvre La Mettrie. [...] Il était gai, bon diable, bon médecin, et très-mauvais auteur; mais, en ne lisant pas ses livres, il y avait moyen d'en être très-content".

hen, ging in Friedrichs Sicht von den Ideen des französischen Freidenkers – obwohl er sie auch in späteren Jahren noch indirekt kritisierte[46] – im Grunde keine wirkliche Gefahr für die allgemeine Moral und erst recht nicht für das politische Bewusstsein der Menschen aus.

IV.

Knapp zwanzig Jahre später änderte sich das Bild jedoch sehr entscheidend. Denn jetzt trat, vor allem in Frankreich, auf einmal eine neue Generation radikal-aufklärerischer Schriftsteller auf den Plan – man hat sie treffend als „die Schar der nachgeborenen Söhne der Aufklärung"[47] bezeichnet –, deren Auffassungen und Ideen nicht selten deutlich über dasjenige hinausgingen, was einst Autoren wie La Mettrie vertreten hatten, denn neben den philosophischen Materialismus und einen immer unverhüllter sich artikulierenden

---

[46] Die indirekte Kritik am extremen Sensualismus und Individualismus La Mettries findet sich etwa in Friedrichs spätem „Essai sur l'amour-propre envisagé comme principe de morale" (1770), in: Potsdamer Ausgabe (Anm. 9), Bd. VI, S. 315–337, bes. S. 324: „Ainsi qu'un État ne saurait être heureux tandis qu'il est déchiré par une guerre civile, de même l'homme ne saurait jouir de bonheur lorsque ses passions révoltées combattent l'empire de la raison. Toutes les passions portent avec elles un châtiment qui leur semble attaché. Celles memes qui flattent le plus nos sens n'en sont pas exemptes".

[47] *Koser*: Geschichte Friedrichs des Großen (Anm. 9), Bd. III, S. 447.

Atheismus gesellten sich nun auch explizit radikale *politische* Äußerungen, die geeignet sein konnten, die bestehende soziale und politische Ordnung des Ancien Régime grundlegend in Frage zu stellen. Friedrich der Große, der seit dem Ende des Siebenjährigen Krieges einen ausgiebigen Briefwechsel mit Jean le Rond d'Alembert unterhielt[48] – der von ihm übrigens eine persönliche Leibrente bezog –, bezeichnete die Gruppe dieser neuen Pariser „Philosophen" recht pauschal (und zum Leidwesen seines Briefpartners) als die „Enzyklopädisten", die er gelegentlich sogar in einem von ihm verfassten politischen „Totengespräch" als „une secte de soi-disant philosophes" und als freche Zyniker verspottete[49].

In diesem Zusammenhang muss man die Tatsache berücksichtigen, dass Friedrich schon seit den ausgehenden 1730er Jahren die geistigen Bewegungen in Frankreich konstant und sehr aufmerksam zur Kenntnis nahm, unterbrochen wohl nur durch den Siebenjährigen Krieg. Tatsächlich ziehen sich, wie zutreffend formuliert wurde, die „Bezugnahmen auf philosophische Fragestellungen und intellektuelle Debatten, die in der ersten Hälfte des 18. Jahrhunderts vor allem von französischen Aufklärern geführt wurden, […] wie ein

---

[48] Œuvres de Frédéric le Grand (Anm. 9), Bde. XXIV, S. 365–644, XXV, S. 1–258.

[49] [*Friedrich der Große*]: Dialogue des morts entre le Prince Eugène, Mylord Marlborough et le Prince de Lichtenstein (1773), in: Œuvres de Frédéric le Grand (Anm. 9), Bd. XIV, S. 247–259, hier S. 253.

roter Faden"⁵⁰ durch Friedrichs gesamtes Werk. Der König unterhielt über Jahre hinweg – wohl ausgehend von Empfehlungen seines ersten, früh verstorbenen Sekretärs, des Hugenotten Charles Etienne Jordan – einen persönlichen literarischen Korrespondenten in Paris (zuerst Nicolas-Claude Thieriot, später Baculard d'Arnaud und Pierre Morand) und gehörte auch einige Jahre lang zu den Abonnenten von Melchior Grimms „Correspondance littéraire", um sich rasch über alle für ihn interessanten Neuerscheinungen auf dem französischen Buchmarkt informieren zu lassen⁵¹.

Natürlich konnte Friedrich – dessen vielfältige Verpflichtungen und Aufgaben als regierender Monarch ihm seine für Lektüre zur Verfügung stehende Zeit strikt begrenzten – nur einen Teil dessen zur Kenntnis nehmen, was zu jener Zeit in

---

50 So *Brunhilde Wehinger*: Der „Philosoph von Sanssouci" und Frankreich, in: Julia Bertschik/Wolfgang de Bruyn (Hrsg.): Der Schatten des großen Königs. Friedrich II. und die Literatur, Hannover 2014, S. 17–34, hier S. 23; grundlegend zum Thema weiterhin die ältere Untersuchung von *Werner Langer*: Friedrich der Große und die geistige Welt Frankreichs (Hamburger Studien zu Volkstum und Kultur der Romanen, 11), Hamburg 1932.
51 Vgl. *Jens Häseler*: Ein Wanderer zwischen den Welten. Charles Etienne Jordan (1700–1745) (Beihefte der Francia, 28), Sigmaringen 1993, S. 111 ff., und *Gonthier-Louis Fink*: Die literarischen Beziehungen Friedrichs zu Frankreich, in: Jürgen Ziechmann (Hrsg.): Panorama der Fridericianischen Zeit. Friedrich der Große und seine Epoche – Ein Handbuch, Bremen 1985, S. 243–249, hier S. 248.

französischer Sprache in den ihn besonders interessierenden Themenbereichen wie Philosophie, Recht und Politik publiziert wurde. Manche Autoren hat er ohne Frage regelrecht unterschätzt und in ihrer Bedeutung nicht erkannt; hierzu zählt besonders Jean-Jacques Rousseau, dessen Ideen dem König im Grunde unverständlich waren und blieben. Das fundamental aufklärungs- und modernitätskritische Potenzial der Schriften des „Bürgers von Genf" hat Friedrich verkannt oder falsch eingeschätzt; vor allem die Kulturkritik Rousseaus erschien dem Monarchen – in jener Zeit freilich nicht nur ihm – kaum akzeptabel[52]. Gleichwohl hat Friedrich, als er im Sommer 1762 in seiner Eigenschaft als Fürst von Neuenburg von Rousseau um politisches Asyl gebeten wurde, ihn dort sofort aufgenommen, auch wenn er den Philosophen in einem Brief an seinen Gouverneur Lord George Keith ausdrücklich als „sonderbaren Gesellen" und „zynischen Philosophen" abtat[53] und ihn etwas später ganz im Stile Voltaires lä-

---

[52] Eine neuere wissenschaftliche Untersuchung des Verhältnisses Friedrich-Rousseau fehlt; im Ganzen gut fundierte Informationen finden sich allerdings in zwei älteren Arbeiten: *Emil du Bois-Reymond*: Friedrich II. und Jean-Jacques Rousseau, in: derselbe: Reden, hrsg. v. Estelle du Bois-Reymond, 2. Aufl., Leipzig 1912, Bd. II, S. 1–45, und *Stephan Schindele*: Friedrich der Grosse über Rousseau, in: Philosophisches Jahrbuch 25 (1912), S. 475–486.

[53] Œuvres de Frédéric le Grand (Anm. 9), Bd. XX, S. 321: „Ce Rousseau est un garçon singulier, philosophe cynique qui n'a que la besace pour tout bien" (Friedrich an Lord George Keith, 29.7.1762).

cherlich zu machen versuchte, indem er feststellte, Rousseau werde ihn niemals dazu überreden können, Gras zu fressen und auf allen Vieren zu gehen[54]. In einer kurzen Abhandlung von 1772, dem „Discours de l'utilité des sciences et des arts dans un état", hat sich Friedrich ebenfalls noch einmal mit einigen zentralen Ideen Rousseaus auseinandergesetzt[55] – ohne diese jedoch als genuin schädlich oder gar politisch gefährlich zu bezeichnen.

Regelrecht alarmiert fühlte sich der König allerdings durch zwei im Jahr 1770 erschienene Schriften, die beide anonym publiziert wurden, jedoch, wie heute bekannt ist, von dem ursprünglich in Deutschland gebürtigen radikalen Schrift-

---

54 Ebenda, Bd. XX, S. 322f.: „Votre lettre, mon cher mylord, au sujet de Rousseau de Genève m'a fait beaucoup de plaisir. [...] J'avoue que mes idées sont aussi différentes des siennes qu'est le fini de l'infini; il ne me persuaderait jamais à brouter l'herbe et à marcher à quatre pattes. Il est vrai que tout ce luxe [...] n'est point essentiel à notre conservation, et que nous pourrions vivre avec plus de simplicité et de frugalité que nous ne le faisons; mais pourquoi renoncer aux agréments de la vie, quand on en peut jouir? La véritable philosophie, ce me semble, est celle qui, sans interdire l'usage, se contente à condamner l'abus; il faut savoir se passer de tout, mais ne renoncer à rien. Je vous avoue que bien des philosophes modernes me déplaisent par les paradoxes qu'ils annoncent. Ils veulent dire des vérités neuves, et ils débitent des erreurs qui choquent le bon sens" (Friedrich an Lord George Keith, 1. 9. 1762).

55 [*Friedrich der Große*]: Discours de l'utilité des sciences et des arts dans un état (1772), in: Œuvres de Frédéric le Grand (Anm. 9), Bd. IX, S. 169–180.

steller Paul Henri Thiry d'Holbach verfasst worden waren. Die erste dieser Schriften, der „Essai über die Vorurteile", erschienen mit dem offensichtlich fingierten Verlagsort London unter der Fiktion eines angeblichen Nachlasswerks des 1756 verstorbenen Schriftstellers César Du Marsais[56], erregte den heftigen Unwillen des Königs, der sich jetzt entschloss, den hierin vertretenen Ideen auch öffentlich entgegenzutreten. Er selbst sei nun endgültig fertig mit jenen angeblichen „Erziehern des Menschengeschlechts", die sich anmaßten, den regierenden Fürsten Vorschriften machen zu wollen, schreibt Friedrich im Mai 1770 an Voltaire und fügt hinzu, er habe sich neuerdings, unter dem Eindruck der Lektüre einer soeben erschienene Schrift mit dem Titel „Essai sur les préjugés", *gewandelt* – womit er tat-

---

[56] Essai sur les préjugés, ou, De l'influence des opinions sur les mœurs & sur le Bonheur des Hommes. Ouvrage contenant l'apologie de la philosophie. Par Mr. D. M., Londres 1770; im Folgenden zitiert nach der zweibändigen Faksimileausgabe der Edition Paris 1792, neu hrsg. v. Herbert E. Brekle, Regensburg 1988. – Die Antwort auf die Frage nach dem wahren Verfasser dieser Schrift war lange umstritten, noch Werner Krauss hielt an der Autorschaft von Du Marsais ausdrücklich fest; vgl. *Werner Krauss*: Über eine Kampfschrift der Aufklärung: Der „Essai sur les préjugés", in: derselbe: Studien zur deutschen und französischen Aufklärung (Neue Beiträge zur Literaturwissenschaft, 16), Berlin (-Ost) 1963, S. 273–299. Die Frage wurde jedoch überzeugend zugunsten d'Holbachs beantwortet von *Rudolf Besthorn*: Zur Verfasserfrage des Essai sur les préjugés, in: Beiträge zur romanischen Philologie 8 (1969), S. 10–54.

sächlich den *Wendepunkt in seinem Denken* selbst markiert[57].

In dieser Schrift wird nämlich ganz unverhohlen und dazu noch in überaus polemischer Form die These vertreten, dass sich sämtliche bestehenden religiösen und politischen Institutionen lediglich auf Vorurteile gründeten, die wiederum aus der Zeit einer längst vergangenen Unwissenheit der Menschen stammten. Die „Willkürherrschaft" der Gegenwart werde jedoch nur noch so lange existieren, wie die Unbesonnenheit und Dummheit der Völker, die sich von ihr übermannen ließen, fortbestünden. Sollte dies jedoch einmal nicht mehr der Fall sein, dann allerdings würden „die Ketten von selbst von den Händen der Völker fallen"[58].

Noch im gleichen Jahr veröffentlichte Friedrich anonym sein „Examen de l'Essai sur les préjugés", in dem er den in jener Schrift enthaltenen Thesen in scharfer Form und nicht ohne Polemik entgegentrat[59]. Sein zentrales Gegenargument, das er als erfahrener Politiker dem in seiner Sicht

---

[57] Briefwechsel Friedrichs des Großen mit Voltaire (Anm. 18), Bd. III, S. 176–177 (Friedrich an Voltaire, 24. 5. 1770), hier S. 176: „…je suis en règle vis-à-vis de ces précepteurs du genre humain qui s'arrogent le droit de fesser princes, rois et empereurs qui désobéissent à leurs règles. – Je me suis refondu par la lecture d'un ouvrage intitulé *Essai sur les préjugés*".

[58] Essai sur les préjugés (Anm. 56), Bd. II, S. 206 f., 54.

[59] [*Friedrich der Große*]: Examen de l'Essai sur les préjugés (1770), in: Potsdamer Ausgabe (Anm. 9), Bd. VI, S. 339–379.

politisch naiven Verfasser des „Essai" entgegenstellte, richtete sich vor allem gegen dessen defizitäres Menschenbild: Der Autor des „Essai", so das Hauptargument des Königs, verkenne die Tatsache, dass die allermeisten Menschen auf Vorurteile, Irrtümer und Aberglauben, die sie im Übrigen selbst hervorbrächten, mehr oder weniger angewiesen seien. Der König vertrat hier die – selbst wiederum provozierende – These, dass die Vorurteile nichts anderes als „die Vernunft des Volkes" darstellten („les préjugés sont la raison du peuple"). Und Friedrich wagte anschließend sogar die Behauptung, dass in einem Staat, in dem infolge irgendeines Wunders „alle Vorurteile überwunden wären, keine dreißig Jahre vergingen, ohne dass man neue aufkommen sähe; und schließlich würden sich die Irrtümer mit hoher Geschwindigkeit verbreiten und den Staat völlig überfluten"[60].

---

[60] Ebenda, S. 342f., 349. – In einem langen Schreiben an d'Alembert vom 17.5.1770 wurde Friedrich noch deutlicher und erklärte unumwunden, dass er nun in seiner Eigenschaft als König und als Feldherr die Verteidigung seiner „confrères" zu übernehmen habe, „pour empêcher que ces injures, souvent répétées par de tels auteurs, n'obtinssent, par l'habitude et à force d'y accoutumer les oreilles du public, la sanction d'une opinion reçue et indubitable. Mon auteur m'apprend que mes confrères les rois sont une espèce d'imbéciles qui ne savent ni lire ni écrire; j'ai lu comme un bénédictin, et j'ai barbouillé du papier à l'envi du folliculaire le plus affamé; c'est donc à moi à plaider leur cause", in: Œuvres de Frédéric le Grand (Anm. 9), Bd. XXIV, S. 484–486, hier S. 484.

Nicht weniger entschieden ging Friedrich mit dem umfangreichen theoretischen Hauptwerk d'Holbachs, dem „System der Natur", ebenfalls 1770 anonym erschienen, ins Gericht. Der – ihm namentlich allerdings unbekannt gebliebene – Verfasser des „Système de la nature" habe, schreibt Friedrich in einem Brief an Voltaire aus dieser Zeit, doch allzu unverschämt die Fenster eingeworfen, und im Übrigen sei durch dieses Buch auch deshalb großer Schaden entstanden, weil es durch überzogene und falsche Schlussfolgerungen aus gewissen Vordersätzen die „Philosophie gehässig gemacht" habe[61]. Tatsächlich beschränkte sich d'Holbach auch in diesem Werk nicht bloß auf die Explikation einer materialistischen Naturphilosophie und Wissenschaftstheorie[62], sondern er zog hier ebenfalls eine explizit *politische* Nutzanwendung aus seinen theoretischen Überlegungen, die im Wesentlichen auf eine

---

61 Briefwechsel Friedrichs des Großen mit Voltaire (Anm. 18), Bd. III, S. 207–209 (Friedrich an Voltaire, 29.1.1771), hier S. 208: „Il faut avouer que l'auteur du *Système de la nature* a trop impudemment cassé les vitres. Son livre a fait beaucoup de mal; il a rendu la philosophie odieuse par de certaines conséquences qu'il tire de ses principes"; vgl. auch *Koser*: Geschichte Friedrichs des Großen (Anm. 9), Bd. III, S. 461.

62 Zu den geistesgeschichtlichen Hintergründen und Zusammenhängen zwischen der materialistischen Philosophie und den politischen Ideen d'Holbachs siehe vor allem *Pierre Naville*: D'Holbach et la philosophie scientifique au XVIIIe siècle [1942], nouvelle éd. Paris 1967, S. 331–416, speziell zum „Système de la nature" auch ebenda, S. 225–310.

scharfe Ablehnung aller bestehenden Staatsordnungen und sogar auf eine fast unverhüllte Rechtfertigung eines politischen Umsturzes – damit also der Revolution – hinausliefen.

Besonders die von d'Holbach hier formulierte Kritik der Monarchie war an Schärfe kaum noch zu überbieten: Auf dieser Erde befänden sich, heißt es in seiner Schrift, nur ungerechte und unfähige Regenten, denen es – „verweichlicht durch Luxus, korrumpiert durch Schmeicheleien, verdorben durch Ausschweifungen und Straflosigkeit" – vor allem an Talenten, Sitten und Tugenden mangele. Sie seien taub gegen die ihnen durch ihr Amt eigentlich auferlegten Pflichten, die sie häufig nicht einmal kennen würden, deshalb sorgten sie sich auch nicht um das Wohlergehen ihrer Völker. Dagegen werde ihre Aufmerksamkeit durch nutzlose Kriege oder durch das Verlangen in Anspruch genommen, stets nach Mitteln zur Stillung ihrer unersättlichen Habsucht zu suchen[63]. Die einfachen Untertanen in allen Ländern würden hingegen durch systematischen

---

[63] [*Paul Henri Thiry d'Holbach*]: Système da la nature ou des loix du monde physique & du monde moral, Bde. I–II, London 1770; Ndr. Genf 1973, hier Bd. I, S. 289: „Nous ne voyons sur la face de ce globe que des souverains injustes, incapables, amollis par le luxe, corrompus par la flatterie, depraves par la licence & l'impunité, dépourvus de talents, de mœurs & de vertus; indifferent sur leurs devoirs, que souvent ils ignorant, ils ne sont guerres occupés du bien-être de leurs peoples; leur attention est absorbée par des guerres inutiles, ou par le desir de trouver à chaque instant des moyens de satisfaire leur insatiable avidité; leur es-

Betrug „furchtsam und unglücklich" gemacht; fast überall sei „der Mensch Sklave" – in Unwissenheit gehalten und systematisch daran gehindert, seine Vernunft auszubilden. Insofern könne es niemanden verwundern, wenn die unglücklichen, „ganz und gar in Verzweiflung gestürzten Völker" in bestimmter Lage zu den Waffen griffen, um „ihre Leiden zu beenden".[64]

Das war ein fast schon offen formulierter Aufruf zur Revolution, zum Umsturz der bestehenden Staats- und Gesellschaftsordnung[65], und es versteht sich, dass Friedrich – der d'Holbachs Bemerkungen über die Monarchen im Grunde als persönliche Beleidigung auffassen musste – sich veranlasst sah, hierauf zu reagieren. Sein ebenfalls noch im Jahr 1770 verfasster „Examen critique du Système de la nature" kursierte allerdings lediglich in Abschriften; der König ließ seine Schrift ungedruckt, denn einige Passagen darin, schrieb Friedrich im August 1770 an Voltaire, der eine Veröffentlichung dringend wünschte, könnten „scheue Menschen erschrecken und Frömmler schockieren"[66], und eben dies müsse er in seiner

---

prit ne sorte point sur les objets les plus importants au Bonheur de leurs états".

64 Ebenda, Bd. I, S. 290f., 349f.

65 Sehr deutlich in dieser Hinsicht auch d'Holbachs Formulierungen ebenda, Bd. I, S. 51 f.

66 Briefwechsel Friedrichs des Großen mit Voltaire (Anm. 18), Bd. III, S. 184 f. (Friedrich an Voltaire, 18.8.1770), hier S. 184 „Il y a [gemeint ist: „mon ouvrage contre l'athée"; H.-C. K.] des endroits qui ne sauraient paraître sans effaroucher les timides et scan-

Eigenschaft als regierender Monarch vermeiden. Friedrichs kritischer Essai zum „System der Natur" wurde deshalb erst kurz nach seinem Tod in der Ausgabe seiner „Nachgelassenen Schriften" der Öffentlichkeit zugänglich gemacht[67].

Friedrich kritisiert d'Holbachs Schrift systematisch und nimmt sich nacheinander die vier dort abgehandelten zentralen Themen: Gott und Natur, Fatalität, religiöse und weltliche Moral und schließlich Monarchie und Herrschertum vor, doch er widmet, was kaum verwunderlich ist, dem vierten und letzten Aspekt seine besondere Aufmerksamkeit. In der Habgier und Herrschsucht korrupter und korrumpierender Cliquen erkennt Friedrich die eigentliche Ursache der politischen Revolutionen, und er warnt ausdrücklich vor ihnen. Sollte den Menschen nach dem Wunsch des Verfassers des „Systems der Natur" tatsächlich das Recht zugestanden werden, „ihre Herrscher abzusetzen, wenn sie mit ihnen unzufrieden" seien, dann gebe dies lediglich „Nahrung für Bürgerkriege", denn es blieben am Ende immer noch gewissenlose Parteiführer, die sich dazu bereitfänden, den Staat in Aufruhr zu versetzen; Thronprätendenten würden das Volk aufwiegeln, „Unruhen und Revolutionen anzetteln in der

---

daliser les dévots"; siehe hierzu auch den vorangehenden Brief Voltaires an Friedrich (27.7.1770), ebenda, S. 182–184, hier S. 183.

[67] [*Friedrich der Große*]: Examen critique du Système de la nature (1770), in: Potsdamer Ausgabe (Anm. 9), Bd. VI, S. 381–407.

Hoffnung, auf diesem Weg aufzusteigen und zur Herrschaft zu gelangen"[68]. Jedes auf diese Weise revolutionierte Land müsse schließlich, so Friedrichs Fazit, mit Notwendigkeit in Chaos, Bürgerkrieg und Elend versinken[69].

Genau hier, an *diesem* Punkt, wird die eigentliche Wende in Friedrichs Denken erkennbar, denn mit den von ihm so eingehend beleuchteten und mit so unnachsichtiger Schärfe kritisierten Schriften d'Holbachs war um 1770 die radikale materialistische und offen atheistische Aufklärung nunmehr *explizit politisch* geworden – was sie in den Schriften eines La Mettrie eben noch nicht, oder doch bestenfalls verdeckt und indirekt, also auf eine aus Friedrichs Sicht letztlich „ungefährliche" Weise gewesen war. Jetzt allerdings wurde – auch wenn das „System der Natur" im damaligen Deutschland noch kaum und wenn ja, dann allenfalls negative Beachtung fand[70] – auf der Grundlage radikalen Denkens ganz offen und frontal die

---

[68] Ebenda, Bd. VI, S. 402–405.
[69] Nach der Formulierung Diltheys sah Friedrich hier „mit vorausschauendem Blick" die „Chimären" der radikalen Aufklärer „an der Unvollkommenheit der menschlichen Dinge scheitern"; *Dilthey*: Friedrich der Große und die deutsche Aufklärung (Anm. 9), S. 95.
[70] Hierzu nur das wohl bekannteste Diktum: *Johann Wolfgang Goethe*: Sämtliche Werke, Artemis-Ausgabe, Bd. X: Dichtung und Wahrheit, Zürich 1977, S. 537: „Verbotene, zum Feuer verdammte Bücher, welche damals großen Lärm machten, übten keine Wirkung auf uns. Ich gedenke statt alle des Systême de la nature, das wir aus Neugier in die Hand nahmen. Es kam uns so grau, so kimmerisch, so totenhaft vor, daß

Monarchie attackiert und dazu die Revolution propagiert. Genau hiermit aber änderte sich in den Augen Friedrichs der Charakter der Aufklärungsbewegung, der er sich selbst zeitlebens zugerechnet hatte, im Ganzen. Aus der Aufklärung heraus hatte sich ein Zweig entwickelt, der – so musste er es sehen – nicht mehr positive, den Fortschritt von Vernunft und Denkvermögen fördernde, sondern moralisch und politisch zutiefst destruktiv wirkende Kräfte entfachen konnte, und aus genau diesem Grund sah er sich veranlasst, ja geradezu herausgefordert, hiergegen öffentlich aufzutreten, was er jedenfalls in dieser Form früher niemals getan hätte.

V.

Friedrichs kritische Auseinandersetzung mit dem Gedankengut, das im „Essai sur les préjugés" und im „Système de la nature" entwickelt worden war, prägte sein weiteres Denken in den letzten eineinhalb Jahrzehnten eines Lebens; dies lässt sich nicht zuletzt an der inhaltlich zweifellos gewichtigsten Korrespondenz seiner späten Jahre, derjenigen mit d'Alembert[71], ablesen. Der große französische Gelehrte vertrat hierbei gelegentlich deutlich andere Auffassungen als sein königlicher Briefpartner, und dies wurde von Friedrich selbstverständlich respektiert – sogar

---

wir Mühe hatten, seine Gegenwart auszuhalten, daß wir davor wie vor einem Gespenste schauderten".

[71] Siehe oben, Anm. 48.

auch dann, als sich herausstellte, dass d'Alembert die äußerst scharfe Kritik Friedrichs an den Grundideen des „Système de la nature" nicht teilte und sich in der negativen Bewertung des Christentums sogar ausdrücklich auf die Seite d'Holbachs stellte[72].

Aus ihren ausgedehnten Erörterungen philosophischer und politischer Themen, darunter auch der Frage einer Nützlichkeit oder Schädlichkeit religiöser Illusionen, entwickelte sich, vermutlich keineswegs zufällig im Jahr 1770, die von d'Alembert vorsichtig ventilierte Idee einer Preisfrage der Berliner Akademie der Wissenschaften. Gefragt werden sollte: „Ob es nützlich sei, in Religionssachen oder auch in jeder andern Sache das Volk zu betrügen"[73] – wobei d'Alembert allerdings keinen Zweifel daran ließ, dass er selbst diese Frage konsequent verneinte[74]. Der König antwortete zwar, dass alle, „die es mit einem gro-

---

[72] Vgl. *Koser*: Geschichte Friedrichs des Großen (Anm. 9), Bd. III, S. 452 ff.

[73] Zur Genese jener berühmten Preisfrage der Königlich Preußischen Akademie der Wissenschaften siehe neben *Werner Krauss*: Eine politische Preisfrage im Jahre 1780, in: derselbe: Studien zur deutschen und französischen Aufklärung (Anm. 56), S. 63–71, jetzt vor allem *Peter Weber*: „Ist der Volksbetrug von Nutzen?" – Zur politischen Konstellation deutscher Spätaufklärung, in: derselbe: Literarische und politische Öffentlichkeit. Studien zur Berliner Aufklärung, hrsg. v. Iwan Michelangelo d'Aprile/Winfried Siebers (Aufklärung und Europa, 19), Berlin 2006, S. 125–139.

[74] Œuvres de Frédéric le Grand (Anm. 9), Bd. XXIV, S. 467 (d'Alembert an Friedrich, 18. 12. 1769).

ßen vermischten Haufen von Menschen zu thun haben, um sie zu einerlei Absicht zu leiten", gezwungen wären, „ihre Zuflucht bisweilen zu Täuschungen zu nehmen", ganz anders sei es hingegen mit dem in der Tat schädlichen „groben Aberglauben" beschaffen. Auf die Anregung einer Preisfrage wollte sich Friedrich jedoch nicht einlassen[75].

Sieben Jahre später agierte d'Alembert allerdings erfolgreicher: Als er sein Preisfrageprojekt dem König noch einmal unterbreitete, griff dieser die Anregung jetzt auf – wohl auch deshalb, weil der französische Gelehrte, der seinen Korrespondenzpartner mittlerweile recht genau kannte, listig darauf hingewiesen hatte, dass die Pariser Akademie, die der allerstrengsten Zensur unterworfen sei, es natürlich niemals wagen dürfe, eine derartige Frage zu stellen[76]. Jetzt übernahm Friedrich den Vorschlag d'Alemberts; er wies die Königliche Akademie der Wissenschaften zu Berlin am 16. Oktober 1777 mittels einer Kabinettsordre an, eine solche Preisfrage baldmöglichst öffentlich auszuschreiben[77]. In welchem Sinn er

---

[75] Ebenda, S. 478: „Tous ceux qui auront à traiter avec un grand ramas d'hommes qu'il faut conduire au même but seront contraints d'avoir quelquefois recours aux illusions, et je ne les crois pas condamnables, s'ils en imposent au public..." (Friedrich an d'Alembert, 3.4.1770).
[76] Ebenda, Bd. XXV, S. 85 f. (d'Alembert an Friedrich, 22. 9. 1777).
[77] Vgl. *Harnack*: Geschichte der Königlich Preußischen Akademie der Wissenschaften (Anm. 30),

selbst über das hier thematisierte Problem dachte, hatte er bereits zwei Wochen zuvor in seinem Antwortbrief an den Pariser Korrespondenzpartner wenigstens angedeutet, indem er bemerkte, jeder Mensch, der mit Vorsatz das Publikum um eigenen Vorteils willen hintergehen wolle, sei unstreitig strafbar; aber, fügte er an, „ist es denn nicht erlaubt, die Menschen zu täuschen, wenn man es zu ihrem Besten tut?"[78].

Jedenfalls waren die Berliner Akademiker von der plötzlichen und unerwarteten Initiative des Königs (der diese Institution in ihrer jetzigen Form als „Académie des Sciences et des Belles-Lettres de Berlin" bekanntlich nicht nur neu begründet hatte, sondern auch finanzierte und persönlich leitete)[79] zuerst wenig angetan, doch sie konnten sich dem Ansinnen des Herrschers natürlich nicht entziehen. Da man die bereits vor-

---

Bd. I/1, S. 417; *Krauss:* Eine politische Preisfrage im Jahre 1780 (Anm. 73), S. 69; Text und Faksimile des Originals aus dem Akademiearchiv bei *Adler:* Ist Aufklärung teilbar? Die Preisfrage der Preußischen Akademie für 1780 (Anm. 90), S. XXXVI f.

[78] Œuvres de Frédéric le Grand (Anm. 9), Bd. XXV, S. 88 f. (Friedrich an d'Alembert, 5.10.1777): „Tout homme qui veut en imposer au public de propos délibéré, pour son intérêt ou pour quelque vue particulière, est sans doute coupable; mais n'est-il pas permis de tromper les hommes lorsqu'on le fait pour leur bien?".

[79] Dazu ausführlich und immer noch grundlegend *Harnack:* Geschichte der Königlich Preußischen Akademie der Wissenschaften (Anm. 30), Bd. I/1, S. 245–492, sowie *Dilthey:* Friedrich der Große und die deutsche Aufklärung (Anm. 9), S. 111–127.

bereiteten Fragen für die nächsten beiden Jahre nicht mehr abändern wollte oder konnte, schrieb man die von Friedrich gewünschte Preisfrage erst für das Jahr 1780 aus. Mit seiner Zustimmung fand man hierfür schließlich[80] die folgende präzise Formulierung: „Ist es dem Volke nützlich getäuscht zu werden – sei es daß man es in neue Irrtümer führt, oder daß man es in jenen erhält, worin es sich bereits befindet?"[81].

In dieser Form also ging die Frage in die gelehrte Welt hinaus, und es dürfte angesichts der Zeitumstände kaum verwundern, dass sie sofort auf allergrößte Resonanz stieß und bald auch eine ausgedehnte öffentliche Debatte hervorrief. Brachten es die Preisfragen früherer Jahre in aller Regel auf etwa ein Dutzend Einsendungen, so trafen jetzt nicht weniger als 42 Antworten in Berlin ein; in der Tat rechtfertigte dieser Erfolg „in einer völlig überraschenden Weise den König und seinen Berater" d'Alembert[82]. Es ist im Grunde erstaunlich, dass die Geschichte dieser Preisfrage bald in Vergessenheit geriet und mit

---

[80] Vgl. *Weber*: „Ist der Volksbetrug von Nutzen?" (Anm. 73), S. 128; *Harnack*: Geschichte der Königlich Preußischen Akademie der Wissenschaften (Anm. 30), Bd. I/1, S. 417 ff.

[81] *Harnack*: Geschichte der Königlich Preußischen Akademie der Wissenschaften (Anm. 30), Bd. I/1, S. 419, Anm. 2: „Est-il utile au people d'etre trompé, soit qu'on l'induise dans de nouvelles erreurs, ou qu'on l'entretienne dans celles où il est?".

[82] *Krauss*: Eine politische Preisfrage im Jahre 1780 (Anm. 73), S. 70.

Ausnahme einiger Seiten im ersten Band von Adolf Harnacks Berliner Akademiegeschichte aus dem Jahr 1900 nicht erneut thematisiert wurde. Erst Werner Krauss entdeckte in den 1960er Jahren im Rahmen seiner ausgedehnten Forschungen zur französischen und deutschen Aufklärung die Preisschriften erneut; er veröffentlichte seinerzeit auch eine kleine Auswahl der damals eingereichten französischen Manuskripte[83], doch erst im Jahr 2007 wurden sämtliche erhaltenen Texte (38 von insgesamt 42) im Rahmen einer umfassenden kritischen Edition publiziert[84]. Daher ist im Grunde erst jetzt die Geschichte dieser Preisfrage auf präziser Text- und Quellengrundlage genau zu rekonstruieren.

Die Masse der eingesandten Schriften und auch die teilweise äußerst kontrovers ausfallenden Antworten auf die extravagante Preisfrage stellten die Akademie nun vor ein äußerst schwieriges Problem: Welche von den inhaltlich besten Schriften sollte den Preis erhalten – eine die Frage beja-

---

[83] Est-il utile de tromper le peuple?/Ist der Volksbetrug von Nutzen? – Concours de la classe de philosophie spéculative de l'Académie des Sciences et des Belles-Lettres de Berlin pour l'année 1780. Eingeleitet u. hrsg. v. Werner Krauss (Deutsche Akademie der Wissenschaften zu Berlin. Schriften des Instituts für Romanische Sprachen und Kultur, 3), Berlin (-Ost) 1966.

[84] Nützt es dem Volke, betrogen zu werden?/Est-il utile de tromper le peuple? – Die Preisfrage der Preußischen Akademie für 1780, hrsg. v. Hans Adler (Forschungen und Materialien zur Universitätsgeschichte, Abt. I, 2.1–2.2), Bde. I–II, Stuttgart/Bad Cannstatt 2007.

hende oder eine mit verneinender Antwort? Vorsichtige Sondierungen beim König erbrachten indessen kein Ergebnis: Friedrich schwieg sich aus, wie er es der Akademie denn auch bereits vorher ausdrücklich untersagt hatte, die von ihm gewünschte Preisfrage mit dem Zusatz „auf Anordnung des Königs" zu stellen[85]. In den insgesamt 33 pünktlich und in korrekter Form eingegangenen und daher zur Beurteilung angenommenen Preisschriften wurde die Frage von 20 Verfassern verneint, von 13 bejaht. Vier der ablehnenden und sieben der bejahenden wurden schließlich als gut beurteilt und kamen in die engere Wahl.

Die Akademie zog sich am Ende mit einer wahrhaft salomonischen Entscheidung aus der Affäre, um es sich – nach Harnacks treffender Formulierung – „weder mit Friedrich dem Könige, noch mit Friedrich dem Philosophen zu verderben"[86], denn sie kürte am Ende gleich zwei Preisträger, indem sie den Preis zu gleichen Teilen einem die Preisfrage verneinenden und einem die Frage bejahenden Einsender zukommen ließ: Zuerst dem später als Volksschriftsteller und durch seine volksaufklärerische Tätigkeit sehr bekannt gewordenen Rudolph Zacharias Becker, damals noch Hofmeister in Erfurt, der die Frage verneint hatte, und andererseits Fréderic de Castillon, einem Lehrer der Mathematik an der Berliner Militärakademie, von dem die Frage zustimmend be-

---

[85] *Harnack*: Geschichte der Königlich Preußischen Akademie der Wissenschaften (Anm. 30), Bd. I/1, S. 419.
[86] Ebenda, S. 420.

antwortet worden war[87]. Man hat die Akademie wegen dieser vermeintlich „gesinnungslosen" Entscheidung später kritisiert[88], aber es ist anzunehmen, dass diese doppelte Auszeichnung ganz im Sinne des Königs gewesen ist, der sich hierzu allerdings niemals mehr geäußert hat[89].

Denn durch die Veröffentlichung einer Reihe dieser Preisschriften, von denen einige nun teils im französischen Original, teils auch in deutscher Übersetzung erschienen[90], wurde eine erneute in-

---

[87] Die Schrift von *Rudolf Zacharias Becker* ist in französischer und anschließend (separat publizierter) etwas erweiterter deutscher Fassung abgedruckt in: Nützt es dem Volke, betrogen zu werden? Die Preisfrage der Preußischen Akademie für 1780, hrsg. v. Hans Adler (Anm. 84), Bd. I, S. 3–64, 65–150; die vom Umfang her deutlich kürzere, ebenfalls ausgezeichnete Preisschrift von *Frédéric de Castillon* ebenda, S. 151–180.

[88] *Harnack*: Geschichte der Königlich Preußischen Akademie der Wissenschaften (Anm. 30), Bd. I/1, S. 420; vgl. dazu auch die Bemerkungen bei *Krauss*: Eine politische Preisfrage im Jahre 1780 (Anm. 73), S. 70 f.

[89] Siehe den (auf eine Bemerkung in Formeys „Souvenirs" gestützten) Hinweis bei *Harnack*: Geschichte der Königlich Preußischen Akademie der Wissenschaften (Anm. 30), Bd. I/1, S. 420: „Der König selbst hat später von der ganzen Sache nichts mehr hören wollen. *Formey* erzählte, er habe sich bereits im Jahre 1780 unwissend gestellt, als die Rede auf die peinliche Preisfrage gekommen sei. Das ist wohl begreiflich".

[90] Hierzu jetzt ausführlich *Hans Adler*: Ist Aufklärung teilbar? Die Preisfrage der Preußischen Akademie für 1780, in: Nützt es dem Volke, betrogen zu werden? Die Preisfrage der Preußischen Akademie für 1780, hrsg. v. demselben (Anm. 84), Bd. I, S. XIII–LXX, hier besonders S. LXIII ff.

tensive Debatte über eine der zentralen Fragen der Aufklärung ausgelöst, die allerdings wieder einmal recht deutlich den Unterschied zwischen französischen und deutschen Aufklärern erkennbar werden ließ, denn die aus Frankreich eingereichten Preisschriften hatten fast alle die Frage verneint, während die Mehrheit der deutschen Einsender bejahend geantwortet hatte. Freilich ging die Diskussion in beiden Ländern weiter: Nicht zuletzt wurden in den folgenden Jahren im Umfeld der Berliner Mittwochsgesellschaft die auf d'Alembert und Friedrich zurückgehende Akademiefrage und deren weitere Aspekte erneut besonders intensiv diskutiert[91].

Deren Bedeutung für den Fortgang der öffentlichen Debatte um Ausmaß und Grenzen der Aufklärung hat vielleicht am treffendsten Werner Schneiders mit seiner Feststellung umschrieben, „daß mit der provokanten und noch lange nachwirkenden Preisfrage der Akademie eine allgemeine Reflexionsbewegung in Gang gekommen war, deren Wirkungen sich alsbald zeigen sollten", denn genau um 1780 „setzt eine stetig anwachsende Diskussion über das Wesen der Aufklärung ein, in der es insbesondere immer wieder um den Wert, die Nützlichkeit oder Schädlichkeit der Aufklärung geht". Insofern wurde unter den

---

[91] Vgl. *Eckhart Hellmuth*: Naturrechtsphilosophie und bürokratischer Werthorizont. Studien zur preußischen Geistes- und Sozialgeschichte des 18. Jahrhunderts (Veröffentlichungen des Max-Planck-Instituts für Geschichte, Bd. 78), Göttingen 1985, S. 167–192 u. a.

führenden Aufklärern „das eigene Bedürfnis nach Selbstbesinnung und Selbstdarstellung [...] durch den Zwang der Umstände beinahe schlagartig aktualisiert"[92]. Dass hiermit eine neue und besonders intensive Debatte der *Aufklärung über die Aufklärung* – gewissermaßen als *aufgeklärte Selbstreflexion* – in Gang gekommen war, dürfte letztendlich ganz im Sinne Friedrichs gewesen sein, dem es nach seinem Wendepunkt im Jahr 1770 unter dem Eindruck der starken politischen Radikalisierung bestimmter Richtungen der französischen Aufklärung darum gehen musste, dass auch einmal über die *Grenzen* der Aufklärung öffentlich nachgedacht wurde.

VI.

Um das Jahr 1770 herum ist in der Tat, wie sich anhand einer Fülle von Äußerungen zeigen ließe, eine sehr ausgeprägte Ernüchterung in Friedrichs Einschätzung der Aufklärung im Ganzen festzustellen. Auch der Annahme, es werde in absehbarer Zeit möglich sein, eine möglichst große Zahl von Menschen aufzuklären, begegnete er nun mit deutlicher Skepsis, gelegentlich sogar mit unverhülltem Sarkasmus. Was bedeuteten denn, schrieb er in dieser Zeit einmal an d'Alembert, einige wenige „aufgeklärte Professoren, einige weise Akademiker" im Vergleich zu

---

[92] *Werner Schneiders*: Die wahre Aufklärung. Zum Selbstverständnis der deutschen Aufklärung, Freiburg i.Br. – München 1974, S. 29.

der geradezu ungeheuren Volkszahl eines großen Staates? „Die Stimme dieser Lehrer wird wenig gehört und erstreckt sich nicht über eine begrenzte Sphäre hinaus"[93]. Der König entwickelte nun die folgende Rechnung: In einem Staat mit etwa 10 Millionen Einwohnern könne es nur etwa 50.000 Menschen geben, die nicht durch die Arbeit für den Selbsterhalt völlig in Anspruch genommen seien – im Wesentlichen der Adel und das obere Bürgertum. Und von diesen 50.000 wiederum sehe man die meisten „ohne geistige Interessen, in Dummheit, Gleichgültigkeit oder Engherzigkeit oder in frivolem Genuß dahinleben"; am Ende würden wahrscheinlich nicht einmal mehr als etwa eintausend Gebildete („personnes lettrées") übrig bleiben, und auch diese noch nach Geist und Gaben untereinander sehr verschieden. Und selbst dann noch, wenn diese „tausend Philosophen" in gleicher Weise aufgeklärt und vorurteilsfrei seien – welche positiven Wirkungen könnten deren Lehren beim großen Publikum wirklich hervorrufen? Aberglauben und Vorurteile würden auch in diesem Fall nicht verschwinden, im Gegenteil[94].

---

[93] Œuvres de Frédéric le Grand (Anm. 9), Bd. XXIV, S. 464 (Friedrich an d'Alembert, 15.11.1769): „En effet, qu'est-ce que quelques professeurs éclairés, quelques académiciens sages, en comparaison d'un peuple immense qui forme un grand État? La voix de ces précepteurs du genre humain est peu entendue, et ne s'étend pas hors d'une sphère resserrée".

[94] Die vollständige Äußerung in: ebenda, Bd. XXIV, S. 471 f. (Friedrich an d'Alembert, 8.1.1770): „Prenons

Die hier naheliegende Frage, warum dieser „Wendepunkt", obwohl lange vorbereitet, von Friedrich vergleichsweise spät erreicht wurde – nach außen hin mit der Zurückweisung des „Essai sur les préjugés" – und warum der schriftstellernde Monarch erst dann zur Offensive überging, als die französischen Radikalen nach einer Formulierung Wilhelm Diltheys vom Kampf gegen Metaphysik und Kirche fortschritten „zu dem Angriff auf die politischen Institutionen"[95], ist nicht leicht

---

une monarchie quelconque; convenons qu'elle contient dix millions d'habitants; sur ces dix millions, décomptons d'abord les laboureurs, les manufacturiers, les artisans, les soldats; il restera à peu près cinquante mille personnes, tant hommes que femmes; de celles-là, décomptons vingt-cinq mille pour le sexe féminin; le reste composera la noblesse et la bonne bourgeoisie; de ceux-là, examinons combien il y aura d'esprits inappliqués, combien d'imbéciles, combien d'âmes pusillanimes, combien de débauchés: et de ce calcul il résultera à peu près que, sur ce qu'on appelle une nation civilisée contenant environ dix millions d'habitants, à peine trouverez-vous mille personnes lettrées, et entre celles-là encore quelle différence pour le génie! Supposez donc qu'il fût possible que ces mille philosophes fussent tous du même sentiment, et aussi dégagés de préjugés les uns que les autres; quels effets produiront leurs leçons sur le public? Si huit dixièmes de la nation, occupés pour vivre, ne lisent point; si un autre dixième encore ne s'applique pas par frivolité, par débauche ou par ineptie, il résulte de là que le peu de bon sens dont notre espèce est capable ne peut résider que dans la moindre partie d'une nation, que le reste n'en est pas susceptible".

[95] *Dilthey*: Friedrich der Große und die deutsche Aufklärung (Anm. 9), S. 95; ähnlich auch die wichtigen

zu beantworten[96]. Wahrscheinlich war Friedrich lange Zeit von seiner ausgeprägten Neigung für die Kultur der französischen Aufklärung zu sehr geblendet, um deren „gefährliche" Seitentriebe angemessen wahrnehmen und einschätzen zu können. Vermutlich vertraute er auch allzu lange auf die Beständigkeit und den in seiner Sicht unbezweifelbaren Nutzen bestehender politischer Einrichtungen, um die Gefahren erkennen zu können, die ihnen durch den Frontalangriff etwa eines d'Holbach tatsächlich drohte. Den Umsturz von 1789 ahnte und sah Friedrich sicher nicht voraus, die der Revolution allerdings vorangehende Unruhe im geistigen Leben der Zeit nahm er jedoch sehr wohl und sehr genau wahr – ohne sie jedoch in ihrer realen Bedeutung für das bedrohte Ancien régime erkennen zu können.

In der Unmöglichkeit einer wirklich umfassenden, d. h. einer allgemeinen Aufklärung des „gro-

---

Beobachtungen zur *politischen* Radikalisierung besonders der französischen Aufklärung um 1770 bei *Leonard Krieger*: Kings and Philosophers 1689–1789, London 1970, S. 210 ff.

[96] Werner Schneiders stellt in diesem Zusammenhang fest, bei Friedrich sei im Laufe der Jahre ein „zunehmender Pessimismus auf allen Gebieten des geistigen und politischen Lebens unverkennbar" gewesen; *Werner Schneiders*: Die Philosophie des aufgeklärten Absolutismus. Zum Verhältnis von Philosophie und Politik, nicht nur im 18. Jahrhundert, in: derselbe: Philosophie der Aufklärung – Aufklärung der Philosophie. Gesammelte Studien, hrsg. v. Frank Grunert (Philosophische Schriften, 58), Berlin 2005, S. 399–422, hier S. 418.

ßen Publikums" erkannte Friedrich die Grenzen der Aufklärung, doch er zog daraus nicht etwa den Schluss, der Mehrheit der Menschen deren Segnungen bewusst vorzuenthalten, sondern hielt es für angemessen, sich im Wesentlichen darauf zu beschränken, unter der unendlichen Anzahl menschlicher Irrtümer vornehmlich diejenigen zu bekämpfen, die der Gesellschaft schadeten; die unschädlichen, vielleicht sogar nützlichen oder gar angenehmen Irrtümer hingegen könnten ohne Bedenken geduldet werden[97]. Immerhin müsse es auch künftig – hier folgte Friedrich nicht zuletzt einem seiner wichtigsten philosophischen Lehrer, Pierre Bayle – ein wichtiges Ziel aufgeklärten politischen Handelns bleiben, die Menschen zur Toleranz zu erziehen[98], weil jeder Verfolgungseifer geeignet sei, den geradezu lebensnotwendigen Frieden innerhalb der Gesellschaft – und damit zugleich eine der Grundbedingungen von Aufklärung – zu untergraben[99].

---

[97] Vgl. *Koser*: Geschichte Friedrichs des Großen (Anm. 9), Bd. III, S. 462f.

[98] Hierzu neuerdings *Yves Bizeul*: Pierre Bayles Kritik des Aberglaubens und Plädoyer für die Toleranz, in: Friedrich Vollhardt (Hrsg.): Toleranzdiskurse in der Frühen Neuzeit (Frühe Neuzeit. Studien und Dokumente zur deutschen Literatur und Kultur im europäischen Kontext, 198), Berlin/Boston 2015, S. 177–216.

[99] Zum Nutzen der Toleranz als einem Grundgedanken Friedrichs siehe besonders *Frank-Lothar Kroll*: Das Problem der Toleranz bei Friedrich dem Großen, in: derselbe: Das geistige Preußen. Zur Ideengeschichte eines Staates, Paderborn 2001, S. 11–30.

Und das bedeutete ebenfalls, Toleranz gegenüber denen zu zeigen, die andere, vielleicht sogar auch gefährliche Auffassungen vertraten. Friedrich sah sich zwar veranlasst, gelegentlich Bücher zu verbieten, die in sozialer und politischer Hinsicht „schädliche" Ideen enthielten, wie etwa La Mettries „Anti-Seneca", doch ihm wäre es kaum eingefallen, gegen die Urheber solcher Ideen mit Hilfe der Staatsgewalt einzuschreiten. Das galt sogar für die von ihm offen kritisierten und bekämpften Materialisten und Monarchiefeinde: „Ich habe den Verfasser des ‚Systems der Natur' widerlegt, weil mich seine Gründe nicht überzeugten", schreibt er im November 1779 an d'Alembert, „wollte man ihn aber verbrennen, so würde ich Wasser herbeitragen, um seinen Scheiterhaufen zu löschen"[100]. Dem entspricht es, dass Friedrich auch in seinen späten Jahren offenbar noch immer, wenigstens in gewissem Grade, auf die wohltuende Wirkung öffentlich geführter Debatten setzte. Dies zeigen nicht nur seine publizistische Auseinandersetzung mit d'Holbach und die durch die Akademiefrage von 1780 ausgelöste heftige Diskussion, sondern ebenfalls – vor allem Horst Möller hat darauf hingewiesen[101] – die von Friedrich im Jahr 1784, also gegen Ende seiner

---

[100] Œuvres de Frédéric le Grand (Anm. 9), Bd. XXIV, S. 507 (Friedrich an d'Alembert, 1.11.1770): „J'ai réfuté l'auteur du *Système de la nature*, parce que ses raisons ne m'ont pas convaincu; cependant, si on voulait le brûler, je porterais de l'eau pour éteindre son bûcher"; vgl. auch *Zeller*: Friedrich der Große als Philosoph (Anm. 9), S. 32.

Regierungszeit, veranlasste öffentliche Debatte über den ersten Entwurf des neuen Allgemeinen Gesetzbuchs für Preußen.

Bringt man diese Aspekte seines späten Denkens und Handelns in Zusammenhang mit Friedrichs scharfer und kritischer Abrechnung mit den radikalsten Ideen der französischen Aufklärung, die man als einen Wendepunkt in seinem Denken auffassen kann, dann wird deutlich, dass sein Bemühen um Publizität mit der Abwehr der nach seiner Überzeugung sozial schädlichen und politisch gefährlichen Aspekte radikalen Denkens aufs Engste zusammenhängt. Das Bekämpfen bestimmter bedenklicher Ideen der *radikalen* Aufklärung durch *gemäßigte* Aufklärung gehört also zu den gerade in dieser Zeit beginnenden Bemühungen um eine Klärung der Bedingungen und der Grenzen von Aufklärung, damit eben auch einer aufgeklärten Selbstreflexion[102].

Dieser Aspekt wird allerdings von denjenigen verkannt, die Friedrichs Denken umstandslos einer konventionellen, gar nur einer konservativen Aufklärung zuordnen oder die ihm sogar den Titel eines Aufklärers streitig machen möchten, indem sie seine Schriftstellerei lediglich als Teil

---

101 *Horst Möller*: Vernunft und Kritik. Deutsche Aufklärung im 17. und 18. Jahrhundert, Frankfurt a. M., S. 303–305; ebenda, S. 203, die Feststellung, Friedrich habe „wie kein anderer König seiner Zeit" die „neue Funktion der Öffentlichkeit" erkannt.
102 Dazu *Schneiders*: Die wahre Aufklärung (Anm. 92), S. 209 ff.

einer auf die aufgeklärte Öffentlichkeit Europas berechneten „Selbstinszenierung" und „Außendarstellung" als „Philosoph" deuten, die letztlich ausschließlich persönlichen oder auch rein politischen Zwecken zu dienen hatte[103]. Tatsächlich scheinen sich derzeit große Teile der Aufklärungsforschung in starkem Maße der neuerdings wiederentdeckten „Radikalaufklärung" verschrieben zu haben, in der sie die eigentliche, die „wahre", nämlich auf den Königsweg in die Moderne, zu Mündigkeit, Freiheit, Gleichheit und Demokratie führende Aufklärung erkennen, während sie die andere, die „konventionelle" Aufklärung lediglich noch als historisches – und vor allem als normativ überholtes – Phänomen auffassen[104]. Der Ideenhistoriker, der stets das Ganze der Bewegung im Blick behalten muss, wird hierin allerdings nicht nur eine kaum akzeptable Blickverengung, sondern überdies auch eine Verzerrung der Perspektive erkennen müssen, weil auf

---

[103] In diesem Sinne neuerdings vor allem *Andreas Pečar*: Wie wird man als König zum Philosophen? Überlegungen zur Autorschaft Friedrichs des Großen, in: Friederisiko. Friedrich der Große – Die Essays, hrsg. v. Hartmut Dorgerloh/Ullrich Sachse, München 2012, S. 15–27.

[104] Im angelsächsischen Kulturbereich sind dies vor allem Jonathan Israel und Margaret Jacob, in Deutschland etwa Martin Mulsow und Winfried Schröder. Einen instruktiven Einblick in die Denk- und Arbeitsweise dieser Richtung vermittelt der Sammelband: Radikalaufklärung, hrsg. v. Jonathan I. Israel/Martin Mulsow, Frankfurt a. M. 2014, dort auch vielfache Hinweise auf weitere einschlägige Publikationen.

der einen Seite das historische Randphänomen, das die radikale Aufklärung immer gewesen ist, eine unangemessene Aufwertung erfährt und weil auf der anderen Seite die geschichtlichen Rahmenbedingungen für die Entstehung und die Möglichkeiten der Ausbreitung von Aufklärung vernachlässigt, mindestens aber nicht angemessen berücksichtigt werden.

Mit Blick auf Persönlichkeit und Leistung Friedrichs den Großen sollte wenigstens die Tatsache zu denken geben, dass immerhin ein so unbestechlicher und überzeugter Aufklärer wie Immanuel Kant in seiner berühmten „Beantwortung der Frage: Was ist Aufklärung?" aus dem Jahr 1784 – zwei Jahre vor dem Tod des Königs – das 18. Jahrhundert nicht nur als das „Zeitalter der Aufklärung", sondern auch als „das Jahrhundert Friederichs" bezeichnet, und dass er ebenfalls am Schluss dieser Abhandlung anmerkt, der von Friedrich ausgestreute Keim des „Hang[s] und Beruf[s] zum freien *Denken*" werde, wenn er sich erst einmal entwickelt habe, den Sinn des Volkes, in Freiheit zu handeln, so sehr befördern, dass dieser Sinn sogar „auf die Grundsätze der *Regierung*" zurückwirken könne und sie dazu veranlassen werde – wie Kant abschließend mit einer subtilen Anspielung auf La Mettrie sagt – „den Menschen, der nun *mehr als Maschine* ist, seiner Würde gemäß zu behandeln"[105].

---

[105] *Kant*: Beantwortung der Frage: Was ist Aufklärung? (Anm. 28), S. 41 f.

Zum Autor

Hans-Christof Kraus studierte Geschichte, Germanistik und Philosophie an der Georg-August-Universität zu Göttingen. 1992 Promotion im Fach Mittlere und Neuere Geschichte. Berufliche Tätigkeit und akademische Lehre an verschiedenen Forschungsinstitutionen und Hochschulen, u.a. in Berlin, München, Speyer, Stuttgart, Jena. 2002 Habilitation für das Fach Neuere und Neueste Geschichte an der Ludwig-Maximilians-Universität München. Seit 2007 ist er Ordinarius und Lehrstuhlinhaber für Neuere und Neueste Geschichte an der Universität Passau. Er ist Mitglied u.a. der Historischen Kommission bei der Bayerischen Akademie der Wissenschaften, der Kommission für die Geschichte des Parlamentarismus und der politischen Parteien, der Historischen Kommission zu Berlin und der Preußischen Historischen Kommission.

Printed by Libri Plureos GmbH
in Hamburg, Germany